55 Alpenpässe
Motorrad-Touren in den Alpen

Herausgegeben von Stephan Fennel & Snežana Šimičić

55 Alpenpässe

FRANKREICH — 06
Col de la Colombière — 08
Cormet de Roselend — 10
Col de l'Iseran — 12
Col du Galibier — 14
Col de Sarenne — 16
Col d'Izoard — 18
Col de la Cayolle — 20
Col de Turini — 22
Col du Glandon — 24
Col de la Madeleine — 26
Col de Trébuchet — 28
Col de Tende — 30
Col du Parpaillon — 32
Col de Valbelle — 34
Col du Joly — 36
Cormet d'Arêches — 38

ITALIEN — 42
Colle dell'Agnello — 44
Passo di Gavia — 46
Passo di Giau — 48
Penserjoch — 50
Jaufenpass — 52
Sellajoch — 54
Grödnerjoch — 56
Passo di Campolongo — 58
Passo Pordoi — 60
Passo di Falzarego — 62
Passo del Manghen — 64
Passo di Stelvio — 66
Monte Zoncolan — 68
Passo Cibiana — 70
Colle delle Finestre — 72
Colle Sommeiller — 74

ÖSTERREICH/SLOWENIEN — 78
Silvretta Hochalpenstraße — 80
Timmelsjoch — 82
Kühtai-Sattel — 84
Staller Sattel | Pustertaler Höhenstraße — 86
Großglocknerstraße — 88
Postalm/Lienbachsattel — 90
Nockalm-Höhenstraße — 92
Egger Alm/Schloßhüttensattel — 94
Predel-Pass — 96
Mangartstraße — 98
Vršič-Sattel — 100
Slowenische Grenzkammstraße — 102

SCHWEIZ — 106
Flüelapass — 108
Furkapass — 110
St. Gotthard Pass — 112
Julierpass — 114
Nufenenpass — 116
Oberalppass — 118
San Bernardino Pass — 120
Gr. St. Bernhardpass — 122
Splügenpass — 124
Umbrailpass — 126
Col du Lein — 128

IMPRESSUM — 130

FRANKREICH

55 ALPENPÄSSE

FRANKREICH

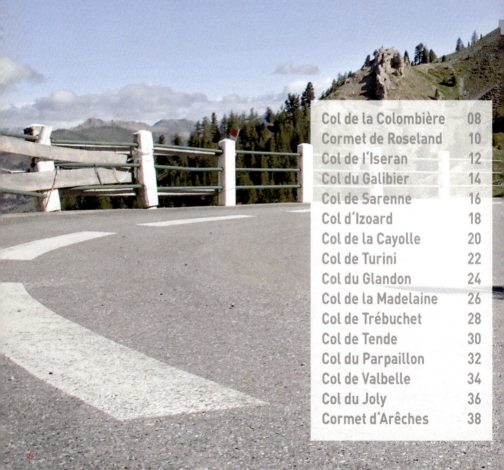

Col de la Colombière	08
Cormet de Roseland	10
Col de l'Iseran	12
Col du Galibier	14
Col de Sarenne	16
Col d'Izoard	18
Col de la Cayolle	20
Col de Turini	22
Col du Glandon	24
Col de la Madelaine	26
Col de Trébuchet	28
Col de Tende	30
Col du Parpaillon	32
Col de Valbelle	34
Col du Joly	36
Cormet d'Arêches	38

FRANKREICH

55 ALPENPÄSSE

COL DE LA COLOMBIÈRE
↑ 1613 m   ◇ 32 km   ◇ 11 - 04   ◇ GPS 45.99210°, 6.47558°

Der Colombière ist einer der Pässe, bei denen man nicht weiß, was schöner ist: die Anfahrt oder der Pass selbst. Beides zusammen macht ihn jedenfalls zu einer wunderbaren Erlebnisreise.

Prächtige Alternative

Los geht es in Cluses, einem umtriebigen Städtchen an der kleinen Arve. Die D4, die auf den Colombière führt, ist schnell gefunden. Es gibt allerdings für den ersten, recht monotonen Teil der Anfahrt ein prächtige Alternative. Gleich hinter der Autobahn zweigt links eine schmale Nebenstraße ab. Die bringt uns in engen Kurven und abenteuerlicher Wegführung bis hinauf nach Le Reposoir, wo sie sich wieder mit der D4 vereint.

Die wird ab hier auch landschaftlich schön. Schon aus der Ferne ist die Passhöhe zu erahnen, dabei sind es noch

ALPENTOURER
EXTRA-TIPP

Das Kartäuserkloster in Le Reposoir ist der Legende nach für den Käse **REBLOCHON** verantwortlich. Im Savoyischen bedeutet „reblocher" zwei Mal melken. Die Hirten sollen ihre Kühe nicht ganz ausgemolken haben, so dass sie nach der Milchlieferung an die Mönche auch etwas für sich hatten.

gut vier Kilometer bis zum Scheitel. Schmal ist die Straße und dennoch von guter Qualität. Sie gehört zum Pflichtprogramm der Tour de France und wird daher gut in Schuss gehalten. Acht geben sollte man allerdings auf Steine, die sich im oberen Abschnitt gerne von den Felsüberhängen lösen. Gerade an diesen Stellen fällt das Fehlen der Randbefestigungen auf. Dafür verstellt keine Leitplanke den Blick auf die Aravis-Kette zur Linken, aus der einige eindrucksvolle Zweieinhalbtausender hervorstechen.

Beliebter Treffpunkt

Kurz vor der Passhöhe lohnt der Blick zurück ins Tal. Ebenso lohnt eine Kaffeepause am 1613 Meter hoch gelegenen Scheitelpunkt, der sich im Sommer zu einem beliebten Treff für Wanderer, Radler und Motorradfahrer mausert. Parkplätze gibt es aber ausreichend zu beiden Seiten der Straße.

Bei der Abfahrt nach Le Grand-Bornand ist auf Schafherden zu achten. Die frei grasenden Wollknäuel scheren sich kaum um das bisschen Verkehr hier oben. Eines oder gleich mehrere von ihnen hüpfen immer dann vors Rad, wenn man gerade eine Lücke entdeckt zu haben meint. Derlei Begegnungen bremsen schon weit vor den gut ausgebauten Kehren ein, die talwärts auf Besuch warten. Macht aber nichts: Schön ist's allemal... ◀

Schmal ist die Straße zum Col de la Colombière und dennoch von guter Qualität.

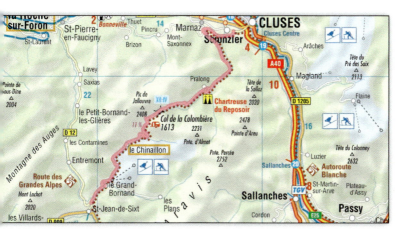

FRANKREICH

CORMET DE ROSELEND
UP 1968 m   **ROAD** 40 km   **ROAD CLOSED** 11 - 06   **GPS** 45.691223°, 6.685395°

Beaufort ist eine kleine Ortschaft in den französischen Alpen, aber immerhin eine wichtige. Nicht nur der umliegenden Landschaft gab sie ihren Namen, auch ein bekannter Käse trägt ihn. Einen Einblick in die Produktion des schmackhaften Milchprodukts erhält man vor Ort in der Schaukäserei der Milchgenossenschaft.

Blick über den Stausee

Derart gestärkt kann man sich dann auf den Weg machen. Von den 743 Höhenmetern des Orts windet sich die Straße in zahlreichen Kehren zunächst hinauf auf den Col der Méraillet, der fast 900 Meter höher gelegen ist. Hier schweift der Blick über den Stausee, der malerisch in die Landschaft gebettet ist. An ihm vorbei führt die Tour, bis am Straßenrand ein schlichtes Café zur Rast lockt – Zeit, einen kleinen

ALPENTOURER
EXTRA-TIPP

Einen kleinen Abstecher wert ist die **TALSPERRE** Lac de Roselend. Seit 1960 wird hier der Fluss Doron mittels einer Kombination aus einer Bogen- und einer Pfeilerstaumauer zurückgehalten. Durch diese eigenwillige Konstruktion ist es die vierthöchste Talsperre in Frankreich.

Braunen zu schlürfen und dabei die wilden Berggipfel zu bewundern, die sich zwischen 2000 und 3000 Meter hoch und dazu meist steil entlang des folgenden Weges aufrichten.

Malerische Hochalm

Ein paar schwungvolle Kehren später öffnet sich eine Hochalm, wie sie malerischer kaum sein könnte. Zum Rasen viel zu schade. Aus den Hängen schießen Gebirgsbäche von teils gewaltiger Natur und unterqueren die Straße in eigens dafür verlegten Röhren. Auf der Passhöhe sind 1968 Meter erreicht, aber es ist weniger die Höhe, als die Aussicht auf die nächsten Kilometer, die Glücksgefühle freisetzt. Die Straße stürzt sich geradezu in eng gezogenen Winkeln in ein urzeitliches Gletschertal hinab, gleitet durch Geröllriesen, nur um Anlauf zu nehmen für die nächste Abfahrt, deren Radien nicht weniger berauschen.

Schnell sind 600, 700 Höhenmeter abgespult, schon bald die Talmündung auf knapp 1000 Metern erreicht. Die letzten Kehren geben dann bereits den Blick auf das Ziel frei, Bourg St. Maurice, das verschlafen in einem Talkessel liegt, sich aber als Ausgangspunkt für weitere fahrerische Großtaten, etwa den Col de l'Iseran, anbietet.

Nicht wenige halten die Strecke über Cormet de Roselend, die das Beaufortain mit dem Tarentaise verbindet, für eine der schönsten Alpenstraßen überhaupt. Kein Widerspruch. ◀

Cormet de Roselend gilt als eine der schönsten Alpenstraßen überhaupt.

COL DE l'ISERAN

 2 770 m   30 km   10 - 06   GPS 45.417189°, 7.030660°

Wie so viele Scheitelpunkte in den französischen Alpen zählt auch dieser Pass zu den Highlights einer Tour de France. Radfahrer mögen ihn ob der anstehenden Qualen verfluchen, für Motorrad-Reisende ist er genau der richtige Aperitif zum Mittagessen.

Höchste Alpenquerung

Von Bourg St. Maurice geht es erholsam bis nach Val d'Isère. Erst die als Wintersportort bekannte Bergsiedlung ist der eigentliche Ausgangspunkt für den Alpenpass schlechthin, den Col de l'Iseran. Mit 2 770 Metern ist er die höchste asphaltierte Alpenquerung. Okay, ich höre schon die Besserwisser vom Col de la Bonette/Restefond reden. Aber der zählt nicht, denn nicht der Pass liegt über dem Iseran, sondern nur eine später angelegte Schleife um den Gipfel – gebaut ein-

ALPENTOURER
EXTRA-TIPP

Bonneval-sur-Arc ist mit seinen **2 243 EINWOHNERN** wirklich winzig, aber dennoch mehr als sehenswert. Es gehört zu den „Le Plus beaux villages de France" (Schönste Dörfer Frankreichs). Im Gegensatz zu Deutschland gilt dies in Frankreich als sehr hohe Auszeichnung.

zig aus dem Grund, um mit ihren 2802 Metern alle anderen Pässe zu übertreffen. Ist aber eben kein Pass im klassischen Sinne. Ergo…

An den Berghang geflanscht

Der Iseran erfreut zudem mit eleganter Streckenführung. Die Straße ist überaus geschickt an den Berghang geflanscht, so dass sie zügiges Empor- und Hinabgleiten zulässt. Es ist ein ewiges Hin und Her, das süchtig macht. Gerade, wenn man am besten in Schwung ist, zwingt der Marker der Passhöhe zum obligatorischen Fotostopp – mit Kapelle im Hintergrund.

Wie so viele Strecken, die von der Tour de France genutzt werden, präsentiert sich auch die Iseran-Route in

Bestzustand. Der Asphalt ist griffig, wird alle Jahre wieder frisch präpariert und macht Lust auf mehr. Hätten doch nur alle Alpenländer eine Tour de France…

Die Abfahrt Richtung Süden beherrschen zunächst wuchtige Gletscherfelder, die sich an etliche mächtige 3000er schmiegen. Hat man die grauen Geröllfelder verlassen, wechselt die Landschaft wieder in zunächst noch karges, dann immer üppiger werdendes Weideland für die Schafherden der Region. Endstation der grandiosen Etappe, die auch Teil der Route des Grandes Alpes ist, markiert Bonneval im Tal der Arc.

Das alte Bauerndorf besticht durch seine Natursteinhäuser und hat sich zu einem Besuchermagnet gemausert. Die Restaurants jedenfalls lohnen einen ausgedehnten Aufenthalt. ◀

Der Marker der Passhöhe zwingt zum Fotostopp – mit Kapelle im Hintergrund.

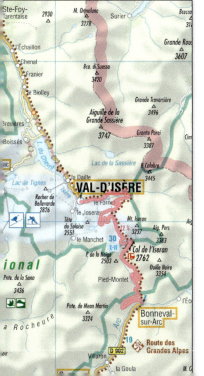

FRANKREICH

COL DU GALIBIER

UP 2 645 m   ROAD 43 km   ROAD CLOSED 11 - 05   GPS 45.064355°, 6.408492°

Auch dieser Pass ist ein ganz großer, eine Legende der Tour de France. Hochgenuss verspricht vor allem die Anfahrt von Norden her. Sie führt, erst sanft, dann immer anspruchsvoller werdend, auf den Höhepunkt zu.

Hoch über dem Arc-Tal

Der zur Anfahrt zu überwindende Col du Télégraphe ist mit seinen 1566 Metern nur das Vorspiel, eine, wenn auch kurzweilige, Einstimmung auf den grandiosen Galibier. Vom Scheitel des Passes führt ein kurzer Abstecher hinauf zum hoch über dem Arc-Tal auf einer Felsnase thronenden Fort du Télégraphe – mit einem Ausblick, der den Umweg lohnt!

Aus dem tiefen Tal der Maurienne kommend geht es in zügiger Fahrt nach Valloire. Auf anderthalb Tausend Metern lässt es sich in der klei-

ALPENTOURER
EXTRA-TIPP

Vom höchsten Punkt des Passes aus geht auf eine kleine Anhöhe mit weithin sichtbarem Aussichtspunkt. Gutes Wetter vorausgesetzt bietet sich hier ein spektakuläres **BERGPANORAMA**: Man sieht die zerklüfteten Gletscher und Gipfel der Dauphiné-Alpen und sogar den Mont Blanc.

nen Gemeinde, deren Gebiet sich über 2 800 Höhenmeter erstreckt, wunderbar verschnaufen. Die Infrastruktur des Wintersportorts ist für eine Übernachtung mit deftiger Savoier Küche bestens geeignet.

Unglaubliches Farbenspiel

Am frühen Morgen dann den Col du Galibier zu erklimmen ist ein absoluter Traum. Wenn sich die ersten Sonnenstrahlen über den majestätischen Gipfeln der 4000er ausbreiten, beginnt ein geradezu unglaubliches Farbenspiel auf dem rötlich, grau und schwarz schimmernden Schiefergestein – besonders im Herbst. Die Baumgrenze ist bereits kurz hinter Valloire erreicht, das Gras liegt wie ein Teppich auf den Hängen, bevor diese sich in weitläufige Geröllfelder verwandeln.

Nach reichlich zehn Kilometern Anlauf verengt sich die Landschaft dann plötzlich. Die Straßenführung passt sich an und erklimmt die letzten paar hundert Höhenmeter in teilweise sehr engen Serpentinen.

Bevor es in den neuzeitlichen Tunneldurchbruch geht, zweigt die alte Passstraße links ab, auf der man dann die 2 645 Meter erklimmen kann, die den Galibier in der Champions League der Alpenpässe platzieren.

Rund 2 000 Höhenmeter sind nun bei Steigungen von bis zu 14 Prozent überwunden, dann geht es kurvenreich fast 600 Meter hinab zum Col du Lautaret. Nicht nur Radler, auch Motorradfahrer haben sich nach dieser Etappe eine Stärkung verdient. Wohl bekomm's! ◀

Der Galibier ist in der Champions League der Alpenpässe platziert.

COL DE SARENNE

UP 1999 m   **ROAD** 20 km   **ROAD CLOSED** 11 - 04   **GPS** 45.086277°, 6.148567°

Es müssen nicht immer die großen Namen der französischen Alpenpässe sein. Auch die zweite Garnitur weiß uns Motorradfahrer zu begeistern. Wer etwa vom Col du Lautaret westwärts fährt, kann auf der gut ausgebauten Straße und bei entsprechender Geschwindigkeit die Zufahrt zum Col de Sarenne leicht verpassen. Hinter einer Kurve gelegen erzwingt der Abzweig einen beherzten Griff in die Stopper.

Lac du Chambon im Rücken

Es geht steil aufwärts, den türkis schimmernden Lac du Chambon im Rücken. Die Besiedelung wird spärlicher, das Grün rechts und links der Straße üppiger. Ein letzter Bauernhof noch, dann breiten sich vor dem Vorderrad prächtigste Kehren aus.

Der Belag ist leider oft brüchig und rissig, an manchen Stellen nur dürftig

ALPENTOURER
EXTRA-TIPP

Auch wenn Alpe d'Huez optisch wenig ansprechend ist, ist der Ort tatsächlich einer der wichtigsten archäologischen **AUSGRABUNGSORTE** zu mittelalterlichem Silberbergbau in Europa. Vor allem im 12. und 13. Jahrhundert gab es hier ergiebige Silbervorkommen.

mit Bitumen geflickt. Zu wenig Verkehr, um sich hier Mühe zu geben.

Einer Rechtskehre folgen stets packende Ausblicke auf hochalpine Wasserspiele. Bevor man sich aber zu lange an diesem Anblick laben kann, folgt schon ein Linksschwenk und es geht weiter bergan Richtung Passhöhe.

Hier lohnt es sich, das Motorrad abzustellen und nichts wie hinauf auf den Steilhang, der einen selbst noch über die 1999 Meter erhebt, auf denen der Col de Sarenne liegt.

Der Weg nach Alpe d'Huez

Was dann folgt, ist spektakulär und in seiner Einsamkeit auf zwei Rädern nur selten zu übertreffen: der Weg nach Alpe d'Huez. Selbst im Hochsommer kreuzen höchstens eine Handvoll Wanderer den Pfad. Der ist allerdings geschwindigkeitslimitiert und von zahlreichen Wasserrinnen durchzogen, die sich bei zu schneller Fahrt bestens als Sprungschanzen eignen.

Hinter rötlich schimmernden Steilwänden laden Bänke zum Verweilen ein. Der Blick schweift durch eine wundervolle Gebirgslandschaft, ohne dass die Hotelbauten des Retortendorfs Alpe d'Huez die Freude schmälern. Derart erfüllt mit optischen Genüssen geht es dann am Heliport des Skiorts vorbei zur Abfahrt nach Le Bourg-d'Oisans.

Was für ein Finale: durchgängig neun Meter Straßenbreite und 13 Kilometer Kehren! Nach der beschaulichen Zeit am Sarenne dürfen hier die Bremsen glühen, bevor man ins Tal der Romanche ausrollt. ◀

Spektakulär und in seiner Einsamkeit nur selten zu übertreffen: der Weg nach Alpe d'Huez.

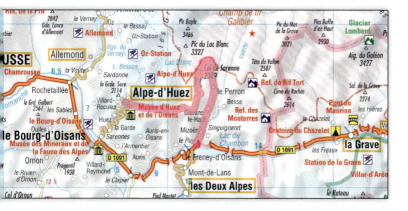

COL D'IZOARD

 2 360 m  34 km 10 - 05 GPS 44.819305°, 6.734984°

Napoléon war ein weitsichtiger Herrscher. Bei aller Kritik an seinen staatsmännischen Künsten hat er vor allem die Infrastruktur der Grande Nation vorangetrieben. Viele Schutzhütten in den Alpen stammen aus seiner Zeit, so auch entlang der Tour hinauf zum Col d'Izoard.

Perlen auf der Schnur

Auf diesen historischen Pfaden wandelt heute die Route des Grandes Alpes. Frankreichs grandiose touristische Alpenstraße verbindet Höhepunkte wie Perlen auf der Schnur, wobei sich der Verkehr auf diesen Straßenbau-Highlights in dankenswerten Grenzen hält – warum auch immer. Aber die beiden Attraktionen dieses Abschnitts sind schon ziemlich einzigartig. Das Briançonnais hält gleich nämlich zwei Höhepunkte hintereinander bereit: den 2360 Me-

ALPENTOURER
EXTRA-TIPP

Im Mittelalter wurde innerhalb von Briançon ein ausgeklügeltes Verteidungsareal entwickelt. Neben der Oberstadt und einer Zitadelle gibt es mehrere kleine Festungen. Dieses System widerstand Angriffen und gehört als „Festungsanlage von Vauban" zum **UNESCO**-Weltkulturerbe.

ter hohen Col d'Izoard und die sich südlich hinter ihm ausbreitende unvergleichliche Landschaft der Casse Déserte.

Schwindelerregend

Von der Festungsstadt Briançon aus durchzieht der Weg abwechslungsreiche Landschaften von mannigfaltiger Schönheit. Oder besser: Er überwindet sie. Das Kurvengeschlängel ist vor allem am Refuge Napoléon geradezu schwindelerregend. Besondere Freude kommt auf diesem Abschnitt auch dadurch auf, dass die Straße in Top-Zustand ist, erneut ein Tour de France-Erbe.

Nach der durch einen Obelisken angezeigten Passhöhe verengt sich der Pfad und zwingt zu verhaltener Geschwindigkeit. Trauer mag darüber aber nicht aufkommen, denn die sich hier vor den Augen öffnende Casse Déserte, was so viel wie „Schuttwüste" bedeutet, ist von solch unglaublicher Schönheit, dass man eh an fast jeder Ecke anhalten und genießen möchte.

Erosion hat diese Landschaft geprägt, hat Felsstrukturen und -formationen hinterlassen, die nicht von dieser Welt scheinen. Mondlandschaft ist ein Begriff, der einem immer wieder durch den Kopf schießt. Riesige Geröllhalden, aus denen einzelne Felsnadeln ragen, erheben sich direkt am Straßenrand. Wer so etwas sonst in diesem Maße sehen möchte, der muss sich schon in amerikanische Nationalparks begeben, wird sich aber selbst dort nur selten so „mittendrin" fühlen wie hier. ◀

Zwei Highlights: der 2360 Meter hohe Col d'Izoard und die unvergleichliche Landschaft der Casse Déserte.

FRANKREICH

COL DE LA CAYOLLE

UP 2 327 m ROAD 44 km ROAD CLOSED 11 - 05 GPS 44.259178°, 6.743782°

Das kleine Städtchen Barcelonnette im Ubayetal hat es gut: Es wird an gut 300 tagen im Jahr von der Sonne verwöhnt, hat im Winter reichlich Schnee vor der Hütte und bildet das Tor zu einer Vielzahl an touristischen Alpenstraßen, die der Hotellerie prächtige Auslastungsraten bescheren. Was als will man noch mehr? Nun, man möchte jemanden haben, der einem die Qual der Wahl abnimmt. Voilá: Bei allen Alternativen, die das Gebiet zu bieten hat, bleibt der Col de la Cayolle für Motorradfahrer die Sahneschnitte.

Natürlich gibt es neben dem Cayolle noch den westlich verlaufenden Allos oder weiter östlich den Doppelpass Col de la Bonette/Restefond. Motorradfahrer werden sich trotzdem für unseren Favoriten entscheiden. Hier sind wir unter uns, denn selbst im Hochsommer verirrt sich

ALPENTOURER
EXTRA-TIPP

Mexiko-Feeling in **BARCELONNETTE**: Im 19. Jahrhundert suchten viele Einheimische dort ihr Glück. Viele fanden es in der Ferne auch und kehrten als reiche Menschen in ihr Heimatdorf zurück. Die protzigen Villen, die sie errichten ließen, erzählen bis heute von diesen Zeiten.

nur dann und wann eine Blechdose auf die teilweise steile Strecke.

Selbst schuld möchte man meinen, wenn man durch die Gorges du Bachelard über eine gut fünf Kilometer lange Schluchtenstraße der Passanfahrt entgegen rollt. Ab Bayasse öffnet sich die Landschaft. Nicht selten sind voluminöse Schafherden die einzigen Begleiter auf einigen Kilometern. Unterhalb der Passhöhe stürzt sich ein dreifaltiger Wasserfall ins Tal. Und die letzten Kehren haben es auch noch in sich.

Übergang ins Mediterrane

Mit der Passhöhe des Cayolle, der ganz ohne Zweifel einer der landschaftlich schönsten und abwechslungsreichsten Pässe der Westalpen ist, wird dann auch endgültig der Übergang in mediterrane Gefilde vollzogen. Schon auf den ersten Kilometern der Abfahrt strömt einem deutlich wärmere Luft entgegen. Dabei bleibt die Umgebung mit einigen Gipfeln nahe der 3000-Meter-Marke zunächst noch hochalpin.

Bei allen Alternativen, die das Gebiet zu bieten hat, bleibt der Col de la Cayolle für Motorradfahrer die Sahneschnitte.

Völlig anderer Pass

In St-Martin-d'Entraunes findet die Route ihr erholsames Ende. Gleichzeitig warten weitere Leckerbissen mit den Daluis- und Cianssschluchten auf Besucher, die allemal Abwege von der Route des Grandes Alpes lohnen. Wer länger in der Gegend verweilt, sollte den Cayolle auch mal anders herum fahren. Er wird einen völlig anderen Pass mit einem gänzlich unterschiedlichen Fahrgefühl wahrnehmen. ◀

FRANKREICH

55 ALPENPÄSSE

COL DE TURINI

⬆ **1607 m**   🛣 **40 km**   🚧 **00 - 00**   📍 **43.976972°, 7.391846°**

Durch die Rallye Monte Carlo wurde diese Strecke zur Legende. Einem Korkenzieher gleich windet sie sich durch die letzten Ausläufer der Seealpen gen Mittelmeer. Man mag es kaum glauben, aber auf dieser Straße wurden im tiefsten Winter mit Rallye-Autos Geschwindigkeiten gefahren, die man sich selbst an einem heißen Hochsommertag auf zwei Rädern nicht traut.

Rallye-Highlight

Das ist auch besser so, denn selbst die professionellen Piloten, die hier um Weltmeisterehren kämpften, hatten ihre liebe Müh und Not mit dem Col de Turini, dem Highlight jeder Rallye Monte Carlo.

Es müssen stets bewegende Nächte gewesen sein, die der langen Messer, wie die Etappe ehrfurchtsvoll genannt wird. Und was dieses Schmuckstück

---

ALPENTOURER
EXTRA-TIPP

Das Dorf Sospel wird vom Fluss Bévera in zwei Hälften geteilt, die durch eine Brücke miteinander verbunden sind. Sie wurde im 11. Jahrhundert erbaut und mit Zollhaus lange als **MAUTBRÜCKE** genutzt. Im Zweiten Weltkrieg wurde sie zerstört und erst 1953 wieder aufgebaut.

alpinen Straßenbaus an Adrenalin freizusetzen vermag, kann man nicht nur im Selbstversuch erleben, sondern angesichts des engen Tals, aus dem der Weg zum Pass aufsteigt, auch hören.

Ein Freudenschrei

Ein Stopp am wenig befestigten Straßenrand, Helm ab. Blick in den Abgrund auf die gerade noch gefahrenen Schleifen und mal die Ohren aufgesperrt. Da, schon wieder ein Motorrad, jeder einzelne der zahlreichen Schaltvorgänge gut hörbar. Doch in die mechanischen Klänge mischt sich immer mal wieder ein Freudenschrei von urzeitlicher Qualität.

Der Turini befreit eben. Über 44 Kehren zieht sich der maximale Fahrspaß. Zunächst tragen einen 19 davon aus dem Tal der Vésubie in kürzester Zeit 1100 Höhenmeter bergan zur Passhöhe. Trotz dieses Anstiegs bleiben die Steigungen mit zehn Prozent vergleichsweise moderat. Deshalb lässt es sich hier ziemlich beschwingt Gas geben.

Wem das und die sich anschließende, nicht minder spektakuläre Abfahrt noch nicht genug sind, der kann sich noch kurz zu einem Rundtrip auf den L'Authion aufmachen. Nach vier Kilometern startet eine Schleife, die gegen den Uhrzeigersinn als Einbahnstraße gefahren wird und schließlich zum Ausgangspunkt zurückführt.

25 Kehren und eine sehr grandiose Felsenschlucht später ist Sospel erreicht und damit das Ende einer wunderbaren Erfahrung auf den Spuren zahlreicher motorisierter Helden. ◄

Der Col de Turini ist eine wunderbaren Erfahrung auf den Spuren motorisierter Helden.

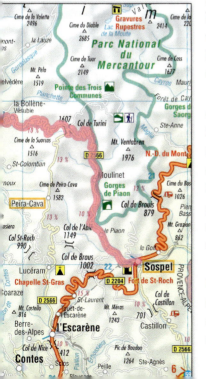

COL DU GLANDON

UP 1924 m   **ROAD** 10 km   **ROAD CLOSED** 10 - 05   **GPS** 45.239338°, 6.175379°

Wer noch ein paar Highlights für eine Rückfahrt von Frankreichs Côte d'Azur in heimische Gefilde sucht, wird am Col du Glandon auf jeden Fall fündig. Ob direkt ab Bourg-d'Oisans über die Talstraße nach Allemont, oder über die sehr attraktive Höhenstraße, die von der Zufahrt nach Alpe d'Huez abgeht – schon die Anfahrt zum Pass weiß mit landschaftlicher Pracht und fahrerischen Leckerbissen zu überzeugen.

Ständige Begleiterin

Die Gebirgskette Belledone bleibt ständige Begleiterin auf dem Weg nach Nordosten. Zunächst geht es durch ein schmales Tal, in das der weiter oben zu einem formidablen See gestaute L'Eau d'Olle sein erfrischendes Nass entlädt. Am Stausee ist dann auch die Grenze zwischen den Departements Isère sowie Savoie überquert,

ALPENTOURER EXTRA-TIPP

Das **AUBERGE DU GLANDON** ist für einen Mittagsstop wärmstens zu empfehlen. Wenig spektakulär, dafür äußerst lecker und mit frischen Produkten wird in diesem Familienbetrieb tätlich frisch zubereitet. Leckermäuler sollten genügend Zeit einplanen: Es gibt ein Nachtisch-Buffet.

bevor es von der D 926 links ab auf das letzte Stück zum Glandon geht. Die Passhöhe auf 1924 Metern ist von dieser Seite aus schon nach wenigen Metern erreicht.

Beliebtes Motiv

Bekannt wurde der Scheitelpunkt in den letzten Jahren durch die Installation eines überdimensionierten Drahtesels, der an die Herausforderungen der Tour de France erinnern sollte. Im Herbst 2014 war das kleine Kunstwerk, das sich schnell zum beliebten Fotomotiv gemausert hatte, allerdings schon wieder verschwunden. Ob abgebaut oder entwendet, darüber wusste bisher niemand so genau Auskunft zu geben.

Der Col du Glandon bietet eine der schönsten Abfahrten in den französischen Alpen.

Auch die Einheimischen in Saint-Colomban-des-Villards nicht. Das ziemlich exakt zehn Kilometer vom Pass entfernte Dorf ist ein hervorragendes Etappenziel, in dem sich unter anderem auch die regionalen Spezialitäten aus Wurst, Käse sowie Süßspeisen genießen lassen.

Der Weg dorthin lässt einen Aufenthalt geboten erscheinen, ist es doch eine der schönsten Abfahrten in den französischen Alpen. Auf den ersten knapp drei Kilometern sorgen sechs Kehren für eine zügige Überwindung staatlicher Höhendifferenz.

Der Rest der Strecke ist ein klassischer Rechts-Links-Genuss, Kurvenschwingen vom Allerfeinsten. Das Ganze präsentiert sich eingebettet in eine Landschaft, deren illustres Farbenspiel im Herbst eine wahre Wonne ist. ◀

FRANKREICH

55 ALPENPÄSSE

COL DE LA MADELEINE
UP 2 001 m   ROAD 45 km   ROAD CLOSED 11 - 05   GPS 45.434982°, 6.375557°

Das sind doch mal 45 feine Straßenkilometer, die auf den Col de la Madeleine und wieder hinab führen. Schon aus Gründen der schönen Aussicht sollte der Pass von la Chambre aus in nordöstlicher Richtung befahren werden. Damit bietet er sich als weiteres Schmuckstück einer Heimreise aus Frankreichs Süden und direkte Folge des Col du Glandon an.

Unschlagbarer Blick

An der Auffahrt wechseln sich bebaute Gebiete, die zur Vorsicht mahnen, mit freier Fahrt durch feinste Kurven und hinreichend Kehren ab. Wo in Saint-Francois-Longchamp die Skigebiete beginnen, nimmt auch die sommerliche Landschaft hochalpine Züge an. Und dann wird, kurz vor der leicht geschummelten Passhöhe, endlich dieser unschlagbare Blick auf den Mont Blanc frei.

ALPENTOURER
EXTRA-TIPP

Zwei Kilometer südlich des Scheitels geht es vor der zweiten Kehre alternativ in einen Schotterweg hinein. Dieser führt vorbei am malerischen Bergsee Lac du Coup zum Ort Bonvillard und weiter über den kaum bekannten Col de Chaussee. Perfekt für **ENDURO-FANS**.

Bis 2013 hatte der Pass noch eine ausgewiesene Höhe von 1993 GPS-gemessenen Metern. Offenbar war das einigen lokalen Entscheidungsträgern nicht genug, wahrscheinlich, weil sich der Madeleine ihrer Meinung nach unter den 2000ern der Tour de France einreihen sollte. Also wurde kurzerhand mächtig Erde bewegt und der gesamte Scheitel mit Parkplatz neu gestaltet. Jetzt werden 2001 Meter ausgewiesen – Glückwunsch.

Grinsen im Gesicht

Nötig hätte es der Col de la Madeleine aber nicht gehabt. Der Pass weiß seit jeher mit fahrerischer wie landschaftlicher Vielfalt zu überzeugen. Die ersten 20 Kilometer bergan meißeln auch sportlich orientierten Fahrern regelmäßig ein Grinsen ins Gesicht. Auf den 25 Kilometern hinab ins Isère-Tal kommen auch „Blümchenpflücker" voll auf ihre Kosten. Am Panorama des „weißen Bergs" kann man sich gar nicht sattsehen.

Zwischen Kilometer 29 und 34 sind erneut einige beachtenswerte Kurven- Kehren-Kombiantionen zu meistern, die auch schon mal nach einem beherzten Griff in die Bremse verlangen. Ausgerechnet auf diesem Abschnitt ist der Asphalt denn auch nicht der Beste, Frostaufbrüche und bröckelnde Straßenränder zeugen von den harten Wintern in Savoien. Rechterhand begleitet der nach Regenfällen heftig rauschende Torrent d'Eau Rousse die Abfahrt bis fast zu ihrem Ziel, der Einmündung der D213 in die D990 bei La Coulée. ◄

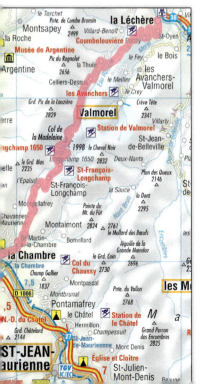

Am Panorama des „weißen Bergs" kann man sich gar nicht sattsehen.

COL DE TRÉBUCHET

UP 1143 m   ROAD 22 km   ROAD CLOSED 00 - 00   GPS 43.918547°, 6.832681°

Der Col de Trébuchet verbirgt sich in den zentralen französischen Hochalpen (F/Hautes Provence). Die Etappe verläuft über etwa 54 Kilometer ab/bis Entrevaux, wovon 22 Kilometer die eigentliche Strecke ausmachen.

Skurriles Motorradmuseum

Das mittelalterliche Schmuckkästchen in der Hochprovence hat einige Highlights zu bieten. Dazu gehört vor allem die Architektur des Festungsbauers Auban – aber auch ein skurriles, privates Motorradmuseum. Hinzu kommt eine perfekte Umgebung zum Touren.

Viele entdecken Entrevaux, wenn sie auf einen beliebten Abstecher von der Route des Grandes Alpes gehen, um die Schluchten Gorges de Daluis und Gorges du Cians zu durchstreifen. Doch statt die beiden auf direk-

ALPENTOURER
EXTRA-TIPP

Die kleine Gemeinde Entrevaux mit ihren nicht einmal ganz 1000 Einwohnern einmal **BISCHOFSSITZ** – und auch erstaunlich lange: Vom fünften Jahrhundert bis zur Französischen Revolution im 18. Jahrhundert. Heute noch sehenswert ist die vor einem Felsvorsprung gelegene Zitadelle.

tem Weg durch das fahrerisch wenig erquickliche Var-Tal zu verbinden, ist unsere Rundtour ein zusätzlicher Fahrschmaus, der einfach mitgenommen werden muss, wenn man schon mal hier ist.

Feines Kurvengeplänkel

Als Aufwärmprogramm dient das feine Kurvengeplänkel südwärts auf der D 911. Schnell windet sich die Straße zum 930 Meter hoch gelegenen Col de Félines hinauf. Immer wieder taucht im Rückspiegel der Anblick der imposanten Vauban-Festung auf, die seit Ende des 17. Jahrhunderts über Entrevaux thront und dem Ort Schutz gibt.

Dann zweigt die Route nach Osten auf die D 10 ab und führt zu elf wunderbaren Kehren hinauf auf den 1143 Meter hoch gelegenen Scheitel. Linkerhand wird die Strecke eindrucksvoll von dem Höhenzug der Montagne de Gourdan begrenzt. Das verleiht der Fahrt einen Schluchten-Charakter, der sehr gut zur Kombination mit der Gorges de Daluis sowie der später folgenden Gorges du Cians passen will. Die ebenfalls mit Kurven reich gesegnete Ostrampe lässt sich noch mehr Zeit auf ihrem Weg talwärts, was den Genuss auf dieser Strecke nur verlängert.

Ein scharfer Schwenk nach links führt über den Col de Saint-Raphaël bis Puget-Théniers. Hier kann in die Cians-Schlucht eingebogen werden, die zur Route des Grandes Alpes zurückführt. Oder der Weg führt zum Ausklang dann doch entspannt an der Var entlang wieder zum Ausgangspunkt in Entrevaux. ◀

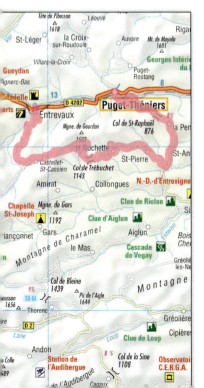

Immer wieder taucht auf dieser Runde der Anblick der imposanten Vauban-Festung über Entrevaux auf.

COL DE TENDE

| UP 1871 m | ROAD 31 km | ROAD CLOSED 00 - 00 | GPS 44.150029°, 7.562250° |

Es ist der letzte große Alpenpass vor den Gestaden des Mittelmeers – und was für einer! Trotz seiner eher beschaulichen Höhe von 1871 Metern genießt der Col de Tende Kultstatus. Am Übergang von den Ligurischen Alpen in die Seealpen stellt dieser spektakuläre Pass eine Wegkreuzung der ganz besonderen Art dar. Und seine – geschotterten – Kehren sind Legende unter Bikern…

Majestätisches Fort Central

Das mag zu einen daran liegen, dass der Übergang gleichzeitig den Einstieg in die Ligurische Grenzkammstraße markiert und sich von hier aus auch die Zufahrt zur Baisse de Peyrefique eröffnet. Zum anderen mag das majestätische Fort Central als monumentales Relikt vergangener Zeiten dazu beitragen. Etwas abseits der Passhöhe gibt es einige Aussichtspunkte,

ALPENTOURER
EXTRA-TIPP

Der Grenzpass Col de Tende hat nicht nur einen Straßentunnel, sondern wird auch von einem Tunnel der Eisenbahn unterquert. Dieser wurde im Jahre 1898 erbaut, ist 8099 Meter lang und Teil der Tendabahn, einer der sicherlich spektakulärsten **EISENBAHNSTRECKEN** in ganz Europa.

die einem überhaupt erst mal klarmachen, was für eine gigantische Anlage das Fort Central unter den hochalpinen Befestigungsanlagen darstellt, die vor allem zwischen Frankreich und Italien errichtet wurden.

Begehung gefährlich

Von einer Besichtigung des sogar noch etwas über der Scheitelhöhe auf 1908 Metern liegenden Fort Central sollte man übrigens absehen. Die Gebäude sind arg baufällig, eine Begehung ist mithin gefährlich. In der Umgebung finden sich noch fünf weitere Festungen, die zusammen mit dem Fort Central eine Einheit bilden.

Letztendlich ist es aber wohl vor allem der atemberaubende Anblick von den 48 auf der Südrampe eng übereinander liegenden Kehren, von denen leider nur noch das obere Drittel geschottert ist, der dem Col de Tende seinen geradezu mystischen Ruf beschert. Beeindruckend ist auch die Tatsache, dass die Kehren des Tende auf nur knapp acht Kilometern gut 600 Höhenmeter erklimmen.

Leider hat ein Felssturz im Frühsommer 2014 zu einer Sperrung der Zufahrt auf französischer Seite geführt. Zwar wäre die Strecke bis etwa 100 Meter unter die Passhöhe problemlos befahrbar. Dennoch hat sich die zuständige Gemeinde für eine grundsätzliche Sperrung entschieden. Alternativ kann man von Frankreich aus den Tunnel nehmen und dann von italienischer Seite, aber deutlich unspektakulärer, auf den Pass fahren. ◀

Das majestätische Fort Central liegt noch etwas über der Scheitelhöhe auf 1908 Metern.

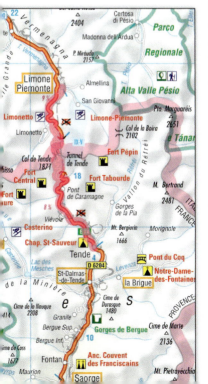

COL DU PARPAILLON

UP 2 632 m · ROAD 42 km · ROAD CLOSED 10 - 04 · GPS 44.488546°, 6.645527°

Die anspruchsvolle Schotterpiste mit ihrem berüchtigten Scheiteltunnel ist sicher eines der Highlights für alpine Gipfelstürmer! Jeder, der bisher von den 2 632 Metern, auf der sich der rund 500 Meter lange Scheiteltunnel befindet, zurück in die Zivilisation fand, berichtet in höchsten Tönen vom „Erlebnis Parpaillon" – wenn auch aus unterschiedlichen Gründen. Enduro-Treiber werden das Grinsen kaum noch aus dem Gesicht bekommen. Tourern hingegen dürften noch längere Zeit die Schweißperlen auf der Stirn stehen.

Zugegeben, für Straßenmotorräder ist der Parpaillon nur bedingt geeignet. Die zum größten Teil unbefestigte Strecke über den Pass verbindet auf rund 42 herausfordernden Kilometern Châtelard im Ubaye-Tal mit Embrun im Durance-Tal. Dennoch verirren sich immer wieder Abenteu-

ALPENTOURER
EXTRA-TIPP

Das Chambre d'hôtes **LA FERNANDE** in Baratier ist eine perfekte Basis für Erkundungstouren. Die fünf Zimmer sind äußerst liebevoll eingerichtet und das Frühstück für französische Verhältnisse opulent. Gerichte aus frischen Produkten werden auf Anfrage zum Abendessen serviert.

erlustige auf den Berg. Dabei sind beide Rampen nicht ohne und am besten nur bei länger anhaltender Trockenheit zu befahren.

Der Boden ist teilweise sehr lehmig, was nach Regengüssen der Konsistenz von Schmierseife nahe kommt. Bis in den Sommer hinein kann es zudem vorkommen, dass vereinzelte Schneefelder ein Fortkommen zumindest be-, wenn nicht gar verhindern. Das geschieht wenn, dann natürlich erst kurz vor dem Scheitel, Murphy's Gesetz…

Unbeleuchtete Röhre

Der Tunnel, dessen ovale Form auf seine Eignung zum Durchschleusen schwerer Geschütze hinweist, sollte auf jeden Fall vor der Einfahrt zu Fuß begangen werden. Je nach vorheriger Witterung kann reichlich Schlamm oder auch Eis in der unbeleuchteten Röhre vorhanden sein. Die Tore sind seit Jahren nicht mehr zu schließen, so dass der Pass nach der Schneeschmelze eigentlich immer befahrbar ist. Nur sind die Bedingungen an wohl jedem Tag der kurzen Hochalpen-Saison anders – und daher nur schwer vorhersagbar. Es gibt Bezwinger, die stets trockenen Fußes und sicher über den Pass gekommen sind. Andere hingegen mussten gegen Wetter, Wind und Wasser ankämpfen, was auch mal einen ganzen Tag dauern kann.

Wie auch immer: Für uns ist das eine 5 Sterne-Strecke! ◀

Für Straßenmotorräder ist der Parpaillon nur bedingt geeignet.

FRANKREICH

55 ALPENPÄSSE

COL DE VALBELLE
UP 2 372m   ROAD 34 km   ROAD CLOSED 00 - 00   GPS 44.597375°, 6.637513°

Schöne Aussichten sind manche Mühe wert. So auch am Col de Valbelle, der von Naturgrund bis Schotter, von Auswaschungen bis zu kleinen Furten ein breites Spektrum zu bieten hat. Als wenn die Landschaft der Hochdauphine, also des Departements Hautes-Alpes, nicht schon genügend attraktive Straßenpässe zu bieten hätte! Nein, da müssen auch noch so feine Offroad-Einlagen wie über den Col de Valbelle hier möglich sein. Die Verteilung von fahrerischen Schmückstücken in Europa ist schon etwas ungerecht, oder?

Macht aber nichts, wir reisen ja gerne. Besonders in die französischen Alpen, besonders Richtung Mittelmeer. Damit ist die empfohlene Fahrtrichtung für den 2 372 Meter hohen Scheitelpunkt auch schon genannt. Um die Lage richtig einzuordnen: Der Pass befindet sich als Alternative für Schot-

ALPENTOURER
EXTRA-TIPP

Der 124 Meter hohe und 630 Meter langer Damm des **LAC DE SERRE-PONÇON** beinhaltet über 14 Millionen Kubikmeter Material. Damit gilt er als größter in Europa. Für den Bau mussten eine Eisenbahnstrecke und zwei Straßen verlegt sowie rund 1500 Personen umgesiedelt werden.

terfans nicht weit von der Streckenführung der Route des Grandes Alpes entfernt.

Zunächst asphaltiert

Zunächst geht es von Guillestre zur Skistation Risoul auf 1850 Meter – natürlich asphaltiert. Und natürlich von dieser unglaublichen Hässlichkeit geprägt, die zahlreiche französische Retorten-Skistationen bis heute ausmacht. Einen ersten Fernblick holen wir uns bei einem fünf Kilometer langen Abstecher auf den von einem Sendemasten gekrönten Clot de l'Alpe ab. Der liegt mit seinen 2 361 Metern fast genau auf Augenhöhe mit unserem eigentlich Zielpunkt. Dorthin geht es durch Wald- und damit Feuchtgebiete mit manchmal recht glitschigem Grund.

Es folgen zahlreiche Auswaschungen, kleine Furten und ein Stück Holperpfad zum Scheitel hinauf, der selbst auf 2 372 Metern liegt. Ab hier kann man es entspannt angehen lassen, wurde doch die Abfahrt nach Saint-André-d'Embrun gerade erst saniert. Die schlimmen Schlaglöcher sind passé, der Weg ist planiert und damit wieder leichter befahrbar. Hier dürften sich derzeit sogar Straßentourer einigermaßen wohl fühlen.

Etwas unscheinbar und daher oft unentdeckt geblieben liegt der 1791 Meter hohe Col de la Bloche kurz vor dem Zielort auch noch an der Strecke. Ein besonderer Genuss ist hier der Fernblick vom Scheitel aus auf den sich südwestlich ausbreitenden Lac de Serre-Ponçon. ◀

Ein besonderer Genuss ist der Fernblick auf den Lac de Serre-Ponçon.

FRANKREICH

COL DU JOLY
UP 1989 m **ROAD** 30 km **ROAD CLOSED** 10 - 04 **GPS** 45.784524°, 6.674194°

Dieser Pass hat alles zu bieten, was wir an den Alpen schätzen: knapp 2 000 Höhenmeter, eine bewirtschaftete Hütte am Scheitel sowie grandiose Ausblicke aufs Mont Blanc Massiv! Eigentlich ist es ganz erholsam, den Col du Joly zu befahren. Mit Straßenreifen lässt sich der griffige französische Asphalt testen, der auf der Südwestrampe Anwendung fand.

Tolles Panorama

Von Les Saisies aus ist die Gipfel-Hütte des Cul du Joly mit ihren Annehmlichkeiten dann recht schnell erreicht. Angesichts des tollen Panoramas möchte man allerdings gar nicht so schnell weiter.

Ganz anders zeigt sich das Bild auf der Nordostrampe, die nach Les Contamines-Montjoie führt. Hier haben Enduristen im oberen Teil mit teilwei-

ALPENTOURER
EXTRA-TIPP

Einen Besuch wert ist die Pfarrkirche **SAINTE-TRINITÉ** in der Gemeinde Les Contamines-Montjoie. Ursprünglich thronte an ihrer Stelle eine mittelalterliche Burg, die einst den Weg über den Col kontrollierte. Ersetzt wurde sie erst 1760 durch die Kirche, die im Barockstil erbaut wurde.

se grobschotterigen Abschnitten zu kämpfen. Dann wieder wird es gerne mal erdig – und bei Nässe entsprechend glatt. Nicht zuletzt lassen die 25 Prozent Neigung manch Wagemutigen doch am eigenen Verstand zweifeln – auch, wenn es Spaß macht.

Diverse Vegetationszonen

Weniger Furchtlosen sei geraten, die fast parallel verlaufende Trasse zu nutzen. Von der Schwierigkeit her ist sie zwar ähnlich, aber längst nicht so steil wie der Hauptweg. Beide führen jedenfalls anschaulich durch diverse Vegetationszonen – vom kargen Hochgebirge bis zu Wiesen und Obstbäumen.

Wer sich erst einmal an derartigen Passagen versuchen möchte, sollte diesen Abschnitt zunächst bergwärts fahren. Wichtig ist vor allem eine gute Bereifung, grobe Endurostollen sind hier angesagt, Straßenbereifung hat auf derlei Terrain nichts mehr verloren. Damit soll nicht die Spreu vom Weizen getrennt werden, es ist lediglich ein Hinweis zur Sicherheit. Die Nordostrampe des Col du Joly stellt eine Herausforderung dar, der man sich gewachsen wissen sollte.

Das Mont Blanc Massiv gehört sicher immer wieder zu den schönsten Anblicken, die man in den Alpen erhaschen kann. Vom Joly aus sind zusätzlich auch noch seine direkten Nachbarn nicht minder beeindruckend erkennbar. In Les Contamines gibt es – im Gegensatz zu les Saisies – übrigens auch im Sommer eine recht gute Infrastruktur für Übernachtungen und Gastronomie. ◄

Am Col du Joly lassen sich auch in der Motorradsaison alle Wetter „erfahren".

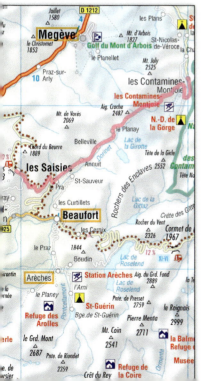

CORMET D'ARÊCHES

UP 2 108 m   ROAD 35 km   ROAD CLOSED 00 - 00   GPS 45.618571°, 6.606637°

Wer in den französischen Alpen mal nach ein wenig Abwechslung sucht, ohne dabei überfordert zu werden, ist auf der Cormet d'Arêches genau richtig. Ihre 2 108 Höhenmeter liegen noch über den 1968 des bekannteren Nachbarn. Die Strecke verläuft nämlich fast parallel zur als Teil der Route des Grandes Alpes ungleich bekannteren Cormet de Roselend.

Schönes Hochplateau

Die kaum befahrene, zum Teil unbefestigte, aber einfach zu bezwingende Strecke durchquert das malerische Massif de Beaufort und verbindet das Val Doron mit dem Tarentaise. Wer die Landschaften im Tarentaise kennt, kann sich bereits die Hauptattraktion der wie nachfolgend beschrieben Strecke gut vorstellen: ein wunderschönes Hochplateau und jede Men-

ALPENTOURER
EXTRA-TIPP

Die Tarentaise ist eine französische Provinz, die in der Antike von den so genannten **CEUTRONEN** bewohnt war. Dabei handelt es sich um ein keltisches Volk, das damals in den Alpen beheimatet war. Die Hauptstadt der Ceutronen war wohl das heutige Aime-en-Tarentaise.

ge feinster Aussichten. Die Cormet d'Arêches macht dabei rund 35 der insgesamt 56 Kilometer aus.

Letzter Verpflegungsstopp

Zunächst geht es von Beaufort aus über die Anfahrt des Cormet de Roselend zum Col du Meraillet. Dort zweigt die Route vorbei am Col de Pré nach Arêches ab. Dann geht es – noch asphaltiert – zum Lac de Saint-Guérin. Der See ist viel kleiner als der von Roselend, dabei nicht weniger schön. Dort erreicht man einen kleinen Parkplatz auf 1550 Metern Höhe. Im Sommer ist die Imbissbude meist geöffnet und stellt eine letzte Verpflegungsmöglichkeit bis kurz vor Aime dar. Sprich: Die Zivilisation endet hier.

Etwa 300 Höhenmeter unterhalb des Scheitels endet dann der Asphalt. Die eigentliche Schotterstrecke Richtung Aime ist heute noch sieben Kilometer lang und auch von tourentauglichen Motorrädern zu meistern – jedenfalls, wenn man Schotter nicht scheut. Ein sehr netter Anlaufpunkt ist der kleine Lac des Fees, der Feensee. Er gehört zu diesen magischen Orten in den Alpen, von denen man sich nur schwer wieder trennen kann.

An der Südrampe gibt es eine betonierte Furt, die nach etwas Bodenfreiheit oder alternativ auch Geschick verlangt – das war's dann auch schon mit den Herausforderungen. Allerdings bleibt die Streckenführung anspruchsvoll und fordert Konzentration. Zum Abschluss weist der Hang von Aime noch ein Gefälle von 20 Prozent auf. ◀

Ein netter Anlaufpunkt an der Formet d'Arêches ist der kleine Lac des Fees, der Feensee.

TOUREN PLANEN MIT GPSWERK

einfach wie nie zuvor

- eigene Touren planen und exportieren
- eigene und BikerBetten-Touren anpassen
- individuelle Startpunkte festlegen
- Routen drehen und kombinieren
- Einbinden von BikerBetten Hotels
- kostenlos für fast alle GPS Formate
- Tourenkarten ausdrucken für den Tankrucksack

gpswerk.de – einfach Touren plane

ITALIEN

55 ALPENPÄSSE · ITALIEN

Colle dell'Agnello	44
Passo di Gavia	46
Passo di Giau	48
Penserjoch	50
Jaufenpass	52
Sellajoch	54
Grödnerjoch	56
Passo di Campolongo	58
Passo Pordoi	60
Passo di Falzarego	62
Passo del Manghen	64
Passo di Stelvio	66
Monte Zoncolan	68
Passo Cibiana	70
Colle delle Finestre	72
Colle Sommeiller	74

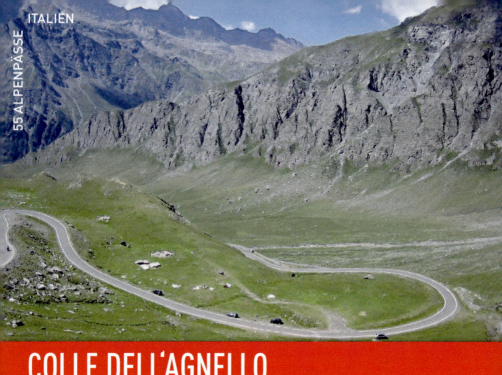

COLLE DELL'AGNELLO

 2 744 m   52 km    00 - 00   GPS 44.684023°, 6.979653°

Der Colle dell'Agnello ist nach Iseran und Stelvio der dritthöchste asphaltierte Alpenpass, gleichzeitig der höchste grenzüberschreitende. Dennoch ist er kaum frequentiert. Dabei verdient er sich auch landschaftlich Höchstnoten.

Wenige Monate befahrbar

Er ist wie die Regionen, die er verbindet: ein vergessener Pass. Über ihn gelangt man vom Varaita-Tal in Italien ins Queyras-Tal in Frankreich. Wegen seiner Höhe ist er nur wenige Monate im Sommer befahrbar.

Beide Passrampen sind asphaltiert, jedoch stellenweise etwas schmal und vor allem auf italienischer Seite nicht immer im besten Zustand. Am Scheitel mit dem markanten Grenzstein befindet sich etwas oberhalb der Straße ein Aussichtspunkt mit einer Orientierungstafel.

ALPENTOURER
EXTRA-TIPP

Bellino, die höchste Gemeinde des Varaita-Tals, gilt als das **SONNEN-UHREN-DORF**. Es gibt nicht nur das Sonnenuhren-Museum im Ortsteil Celle, sondern auch zahlreiche, meist historische Uhren an den Häusern und einen auf Wunsch sogar geführten Rundwanderweg diesem Thema.

Die Ostrampe ist zweigeteilt. Die Strecke ab Sampeyre verläuft zunächst fast eben, und erst kurz vor Casteldelfino werden mit einigen Serpentinen und bis zu acht Prozent Steigung 860 Höhenmeter überwunden. Über eine weitere Steilstelle hinter dem Ort erreicht man einen Stausee, an dessen Ufer der Weg wieder nahezu eben bis Pontechianale verläuft. Die Straße führt bei leichter Steigung an der Varaita entlang, bis diese nach einer Linkskurve überquert wird.

Hinweisschilder

Der Rest der Strecke ist fast durchgängig sehr steil. Auf neun Kilometern werden etwa 900 Meter Höhendifferenz überwunden. In unregelmäßigen Abständen informieren Hinweisschilder über die aktuelle Höhe, verbleibende Strecke bis zum Pass, sowie Strecke und Durchschnittssteigung bis zum nächsten Schild.

Direkt hinter einer Brücke steigt die Straße steil an, und mit einer Gruppe langer Serpentinen gewinnt man bei neun bis elf Prozent Steigung schnell an Höhe. Kurz hinter der ersten Kehre sind dann für mehrere hundert Meter sogar 14 Prozent ausgewiesen.

Bei guter Straßenqualität geht es 15 Kilometer auf der Westrampe bis nach Molines-en-Queyras. Zuvor zweigt links die nach St. Veran führende Straße ab. Tipp: Hier zum Mittagessen in die höchste Gemeinde Europas abstechen. ◀

Der Colle dell'Agnello ist wie die Regionen, die er verbindet: ein vergessener Pass.

ITALIEN

55 ALPENPÄSSE

PASSO DI GAVIA
UP 2 618 m ROAD 44 km ROAD CLOSED 11 - 05 GPS 46.343609°, 10.487308°

Der Gaviapass verbindet Bormio im Norden mit Ponte di Legno im Süden. Die erst seit Mitte der 1980er Jahre beidseitig geteerte Straße ist schmal und meist wenig befahren. Zu Unrecht steht der Gaviapass im Schatten des Stilserjochs, denn landschaftlich ist er deutlich eindrucksvoller, wenn auch baulich nicht so spektakulär.

Von Bormio zum Gaviapass

Das macht er jedoch durch seinen Abwechslungsreichtum wett. An der Passhöhe liegt der Lago Bianco vor den schneebedeckten Spitzen des Corno dei Tre Signori (3 359 Meter). Noch hübscher anzusehen ist der Lago Nero auf 2 386 Metern. Die 26 Kilometer lange Nordanfahrt von Bormio zum Gaviapass durchs Valfurva zählt nicht umsonst zu den schönsten Anstiegen der Alpen. Die

ALPENTOURER
EXTRA-TIPP

In der **BERNI HÜTTE** sind Motorradfahrer ausdrücklich willkommen. Das Refugium befindet sich rund zwei Kilometer vom eigentlichen Gavia Pass entfernt. Konkret: auf Valtelliner Seite, im Stilfser Joch Nationalpark und auf 2541 Metern. Sie ist bequem über die Provinzstraße Nr.29 zu erreichen.

Südrampe kann diese Pracht sogar noch toppen.

Zunächst geht es am Torrente Frodolfo entlang bis nach 13 Kilometern St. Caterina auf 1736 Metern erreicht ist. Schon auf diesem ersten Abschnitt werden Steigungsspitzen von zwölf Prozent erreicht. Nach St. Caterina führt die nunmehr sehr schmale Straße in Serpentinen steil bergan. Der Wald öffnet sich in eine felsübersäte Graslandschaft, über der gewaltige Gipfel thronen. Einige Kilometer vor dem Scheitelpunkt wird es deutlich flacher.

Ab 2 000 Meter wird die Straße dramatisch eng, der Belag weist zudem deutliche Frostrisse auf. Elf Kilometer nach St. Caterina ist das Rifugio Berni

(2 545 Meter) erreicht, zwei Kilometer später dann auch der Scheitel am Rifugio Bonetta. Die ersten drei Kilometer hinter der Passhöhe geht es in engen Serpentinen eine Steilwand hinab. Auf der Hangseite folgt ein rund 800 Meter langer Tunnel, dessen Belag zu erhöhter Aufmerksamkeit zwingt. Die alte Strecke führt zwar parallel zum Tunnel, ist aber mit Felsgestein übersät und unserer Erkenntnis nach für den Verkehr gesperrt.

Zum Abschluss ziehen noch einmal dramatische Serpentinen und ein starkes Gefälle jeden Fahrer in ihren Bann, bevor nach insgesamt spannenden 43 Kilometern das Ende der Route in Ponte di Legno erreicht ist. Hier trifft die Gaviastraße auf die SS42. Wer links abbiegt, kann sich von hier zu einem weiteren Leckerbissen, dem Passo Tonale, aufmachen. ◀

Zu Unrecht steht der Gaviapass im Schatten des Stilfserjochs, denn landschaftlich ist er deutlich eindrucksvoller.

ITALIEN

PASSO DI GIAU
UP 2 236 m   **ROAD** 15 km   **ROAD CLOSED** 00 - 00   **GPS** 46.482531°, 12.053680°

Gerade im Hochsommer tummeln sich die Biker manchmal Auspuff an Auspuff über die vier Pässe der Sellarunde. Nicht jedem gefällt dieser Herdentrieb. Abwechslung gefällig? Dann nichts wie ab auf den Passo di Giau, der mit immerhin 2 236 Metern Höhe und einem geradezu überwältigenden Dolomitenpanorama locken kann.

Insgesamt 55 Kehren

Die relativ wenig befahrene Straße verbindet Cortina d'Ampezzo mit Selva di Cadore. Sowohl landschaftlich, als auch fahrerisch ist der Pass mit seinen insgesamt 55 Kehren ein Highlight, das man sich nicht entgehen lassen sollte. Der Scheitel bietet neben dem herrlichen Bergpanorama mit Blick auf Sellastock und Marmolada im bewirtschafteten Rifugio auch etwas fürs leibliche Wohl.

ALPENTOURER
EXTRA-TIPP

An der Südrampe sind zwei feste **BLITZER** Seite installiert, die sowohl von vorne als auch hinten die Geschwindigkeit messen. Sie sehen optisch wie graue Mülltonnen aus. Die Geschwindigkeitsbegrenzung von Tempo 50 sollte hier also unbedingt eingehalten werden.

Zurecht ist der Pass eine tolle Alternative zur Sellarunde, nicht zuletzt, weil an seinem Ende vielerlei Möglichkeiten zur weiteren Eroberung der Dolomiten stehen. Hier endet nämlich auch die Strecke über den Passo di Falzarego von Nordwesten kommend, die des Fedaja von Westen her und die Tour über den Passo Cereda aus südlicher Richtung.

Traumhafte Trasse

Die eigentliche Passstraße ist 27 Kilometer lang und verläuft zwischen Pocol im Norden und Caprile im Süden. Im Verlauf wechselt sie ihren Charakter von sanftem Weideland bis hochalpiner, rauer Pracht. Die Trasse ist traumhaft angelegt, feinster Asphaltbelag in Kombination mit dem geringem Verkehrsaufkommen treiben den Fahrspaß zu ungeheurer Blüte.

Nach 31 Kehren rollt die Nordrampe zum Scheitelpunkt hin locker aus. Vorsicht ist dann bei der Abfahrt geboten, deren 24 Kehren zu den schönsten Abschnitten der Dolomiten zählen. Im Sommer können hier unvermittelt Kühe auf der Fahrbahn auftauchen.

Die wenigen Galerien fallen kaum ins Gewicht. Immer wieder öffnet sich der Blick hinab ins Tal. Während man nach Selva di Cadore rollt, darf man sich schon Gedanken darüber machen, wohin die Reise weitergeht. ◄

Abwechslung gefällig? Dann nichts wie ab auf den Passo di Giau!

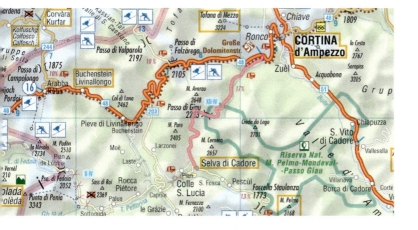

PENSERJOCH
2 211 m | 30 km | 12 - 05 | GPS 46.818850°, 11.441225°

Doppelten Spaß verspricht diese Südtiroler Runde von Sterzing nach Bozen, denn nach dem Auf und Ab am Penserjoch gibt es das malerische Sarntal zur Entspannung gleich noch dazu.

Frischlufthöhen

Der Brenner liegt hinter, Sterzing vor uns. Jetzt aber nichts wie raus aus dem Etschtal und hinauf in die Frischlufthöhen des Penser Jochs. Es sind nur wenige Kilometer, bis die ersten Kehren besten Fahrspaß ankündigen.

Die bis auf wenige Engstellen gut ausgebaute Straße bietet wirklich reichlich Kehren, die Steigung beträgt bis zu 13 Prozent. Allerdings ist das Penser Joch meist von November bis Anfang Juni gesperrt. Wer einmal im Hochsommer hier oben in dichtem, noch dazu eiskalten Dunst unterwegs war, wird sich nicht mehr darüber

ALPENTOURER
EXTRA-TIPP

Die so genannte **FEDERKIELSTICKEREI** ist eine bis heute lebendige Tradition im Sarntal, das man automatisch über das Joch erreicht. Dabei werden Schwanzfedern vom Pfau kunstvoll bearbeitet und auf Taschen und Lederwaren gestickt. Es gibt Betriebe, die besichtigt werden können.

wundern. Der Scheitel ist eine Wetterscheide und hält manch miese Witterung vom Eisacktal fern. Das geht aber nur auf Kosten des eigenen Zustands, und so kommt es nicht selten vor, dass auf dem Penserjoch Kälte, Dunst, Nebel und andere Feuchtigkeit vorherrscht, während um den kahlen Kopf des Massivs herum deutlich besseres Wetter zu finden ist. Wärmende Einkehr genießen Motorradfahrer daher einigermaßen häufig im Alpenrosenhof, dem Gasthof an der Passhöhe, der schon seit Ewigkeiten ein Bikertreff ist.

Steile Abfahrt

Umso schöner, wenn dann schon auf der steilen Abfahrt ins Sarntal hinab die Sonne lacht. Saftige Almwiesen und malerische Ortschaften wechseln sich ab, durchzogen von Gebirgsbächen und der Straße. Nach dem Kurven-Staccato des Passes folgt nun beschauliches Gleiten durch eine Region, in der die Zeit irgendwie stehen geblieben scheint.

Endgültig länger verweilen möchte man, wenn man in Sarnthein/Sarentino dem Stofnerhof einen Besuch abstattet. Der Hofladen hält selbst gemachten Sarner Speck und weitere Köstlichkeiten wie Cacciatori oder Coppa bereit, eine Brotzeit endet nicht selten in einem kleinen Gelage. Gut, dass es auch Zimmer am Hof sowie im geschichtsträchtigen Turm gibt.

Wer mag, kann kurz vor Bozen auch noch links nach Ritten auffahren. Die Erdpyramiden dort lohnen den Besuch. ◀

Der Scheitel ist eine Wetterscheide und hält manch feuchte Überraschung bereit.

JAUFENPASS

↑ UP **2 094 m**   ROAD **31 km**   ROAD CLOSED **00 - 00**   GPS **46.839416°, 11.320983°**

Wer vom Timmelsjoch hinein nach Südtirol kommt, dreht in St. Leonhard im Passeiertal gerne gen Nordosten ab. Die Straße über den Jaufenpass verbindet dieses nämlich mit dem nördlich gelegenen Wipptal. Die kurvenreiche Strecke ist bei Motorradfahrern sehr beliebt. Der nördlichste inneritalienische Alpenpass weiß landschaftlich wie auch in Sachen Streckenführung zu überzeugen.

Graue Riesen

Im Norden ragen die mächtigen Ötztaler Alpen empor, im Süden die ebenso weitläufigen Sarntaler Alpen. Umgeben wird der Jaufenpass von den „Grauen Riesen" Jaufenspitz (2 483 Meter) und Saxner (2 359 Meter), zwei beeindruckenden Massiven, die hier schon seit Jahrtausenden alles im Blick haben, sowie von dem breiten

---

ALPENTOURER
EXTRA-TIPP

Die kleine Gemeinde St. Leonhard im Passeier am Fuße des Jaufenpasses ist der Heimatort des legendären und verklärten Tiroler Freiheitskämpfers und **NATIONALHELDEN** Andreas Hofer (1767-1810). Das Geburtshaus im Ort ist heute ein Museum, das besichtigt werden kann.

Ratschingstal. Die Überquerung bietet zudem schöne Ausblicke auf die Hohe Wilde (3480 Meter) mit ihren Gletschern im Süden und die Tuxer Alpen im Norden.

Außerdem herrscht zumindest außerhalb der Hauptferienzeit nicht allzu viel Verkehr. Die Straße ist zweispurig ausgebaut und durchgehend zumeist ordentlich asphaltiert, nach einem harten Winter können aber immer mal Absenkungen und Straßenaufbrüche auftreten.

Keine feste Wintersperre

Der 2099 Meter hoch gelegene Pass ist im Winter normalerweise gesperrt, jedoch nur, wenn die Schneeverhältnisse eine Befahrung gar nicht zulassen.

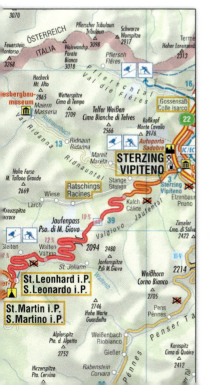

Ansonsten ist er zumindest tagsüber geöffnet, eine festgelegte Wintersperre besteht also nicht. Daher wird er zu Saisonbeginn auch gerne als eines der ersten Alpenziele angesteuert, sobald es die Wetterlage erlaubt.

Wer von Meran aus anfährt, kann natürlich in St. Leonhard zunächst auf die Strecke zum Timmelsjoch abzweigen. Auf italienischer Seite ist dieser Pass nämlich nach wie vor bis zur Mautstation auf österreichischer Seite frei. Die Südtiroler Überlegungen, ausgewählte Touristenrouten mit Maut zu belegen, sind nach heftigen Auseinandersetzungen mit der Bevölkerung außerdem zunächst auf Eis gelegt. Mille gracie!

Der Jaufenpass lässt sich aber auch mit dem Penserjoch und dem Sarntal zu einer überaus attraktiven Tagesrunde kombinieren. ◀

Die kurvenreiche Strecke über den Jaufenpass ist bei Motorradfahrern sehr beliebt.

SELLAJOCH

UP 2 240 m ROAD 12 km ROAD CLOSED 00 - 00 GPS 46.505983°, 11.756530°

Der Anstieg zum Sellajoch beginnt schon in Canazei. Durch dichten Nadelwald gleitet die Strecke zunächst ohne allzu extreme Steigung empor. Besonders schön ist der Rhythmus der Kehren gen Passhöhe. Das macht im Anstieg Lust auf mehr, und so ist man durchaus ein wenig enttäuscht, dass nach etwa 6,5 Kilometern (ab Abzweig Pordoi) bzw. 11,5 Kilometern (ab Canazei) bereits alles vorbei ist, denn dann hat man die felsige Passhöhe erreicht.

Mogelpackung

Die ist allerdings eine Mogelpackung, denn die Straße führt nicht über das ein paar hundert Meter abseits liegende Sellajoch – dass auch „nur" 2 213 Meter Höhe aufweist, sondern eigentlich über den auf 2 240 Meter gelegenen Col de Toi. Weil Sella aber Namensgeber der berühmten Pässe-

ALPENTOURER
EXTRA-TIPP

In St. Christina im befindet sich auf der Trasse der stillgelegten Grödner Bahn ein **PLANETENWEG**. Dabei sind die Planeten unseres Sonnensystems in maßstabsgetreuer Entfernung zueinander angebracht. Hinweistafeln informieren über Durchmesser, Entfernung zur Sonne und mehr.

Runde mit dem Pordoijoch, dem Grödner Joch und dem Campolongopass ist, schildern die italienischen Behörden den Pass heutzutage überall als Passo di Sella aus. Und weil sie offenbar vor gar nichts zurückschrecken, verpassen sie der Fälschung gleich auch noch die Höhenangabe seines in Vergessenheit geratenen großen Bruders…

Erste Herberge

Im Jahr 1872 wurde die Passstraße fertiggestellt. Die erste Herberge am Sellajoch, in der vorwiegend Handelsreisende untergebracht waren, wurde 1884 von Carlo Valentini unterhalb der Passhöhe eröffnet. 1903 errichteten Deutscher und Österreichischer Alpenverein gemeinsam das Sellajochhaus. Ein dritter Gasthof, Maria Flora, öffnete 1934 seine Pforten. Alle drei Einrichtungen bestehen, wenn auch nach größerem Umbau, noch heute.

Das Sellajoch ist Namensgeber der berühmten Pässe-Runde Sella Ronda.

Faszination Sella Ronda

Einen Großteil der Faszination dieses Passes macht denn auch weniger die Strecke, als vielmehr seine Umgebung aus. Im Nordwesten erhebt sich der 3181 Meter hohe Langkofel, im Süden der 2485 Meter hohe Col Rodella. Zum Sella-Massiv selbst gehört im Osten der 2974 Meter hohe Piz Gralba. Jenseits des Fassatals wird im Süden das Marmolata-Massiv mit seinen Gletschern sichtbar.

Eine Befahrung mit dem Motorrad ist nur außerhalb der Sommersaison zu empfehlen. ◀

GRÖDNERJOCH
2121 m · **20 km** · **00 - 00** · **GPS 46.549843°, 11.808511°**

Rund sechs Kilometer nicht allzu kehrenreicher Abfahrt hat man vom Sella Joch aus in Richtung Grödner Tal vor sich liegen, ehe es in Plan de Gralba beim Hotel Miramonti rechts zum Grödnerjoch abgeht. So wie die Abfahrt gestaltet sich hier zunächst auch der Anstieg.

Langes Flachstück

Ein langes Flachstück durchzieht ein breites Landschaftsbecken, das von den an der 3000 Meter-Marke kratzenden Gipfeln des Sellastocks begrenzt wird. Erst kurz vor der auf 2121 Metern liegenden Passhöhe sind wieder größere Schräglagen beim Durchqueren schnell aufeinanderfolgender Serpentinen möglich.

Eine asphaltierte Straße gibt es erst seit 1960 neben dem alten Jochfahrweg. Und selbst der ist im Gegensatz zu vielen anderen Alpenquerungen

ALPENTOURER
EXTRA-TIPP

Auch heutzutage werden sakrale Bauwerke gebaut: So geschehen am Grödner Joch im Frühling 2004. Die **KAPELLE** ist Maurizio, dem Schutzheiligen des Heeres und der Infanterie, gewidmet und wurde nicht zufällig von den örtlichen Gebirgsjägern in Gröden initiiert und finanziert.

der Dolomiten recht spät, nämlich im Zuge des Ersten Weltkriegs, entstanden. Er diente vor allem der Versorgung der Truppen an der deutsch-österreichischen Front bei Arabba.

Risse und Frostaufbrüche

Wer die Sella Ronda im Uhrzeigersinn befährt, darf sich auf der ersten Hälfte der Strecke nach Corvara ab dem Scheitelpunkt des Grödner Jochs auf die kurvenreiche Abfahrt freuen. Die Kehren sind ganz unterschiedlich gebaut, was einen Fahrfluss zwar nicht aufkommen lässt, aber dennoch eine Menge Fahrspaß verspricht. In den letzten Jahren scheint der Belag im Winter sehr gelitten zu haben. Trotz häufiger Sperren und damit geringer Belastung sind zahlreiche Senken entstanden. Auch Risse und Frostaufbrüche wurden zuletzt nur halbherzig repariert. Anfänger sollten es daher etwas gemütlicher angehen lassen.

600 Höhenmeter tiefer rollt die Strecke dann gemächlich in Corvara aus. Der Ort ist mit allerlei Hotellerie- und Restaurationsbetrieben ausgestattet. Darunter ist auch das luxuriöse Hotel La Perla, eine wahre Perle für Motorrad-Fans. Im Keller des Hotels hat sein Besitzer rund 120 wunderbare Sammlerstücke aus 100 Jahren Motorradgeschichte ausgestellt. Gäste des Hauses können sie gerne besichtigen. ◀

Das Grödner Joch ist recht spät, nämlich im Zuge des Ersten Weltkriegs, entstanden.

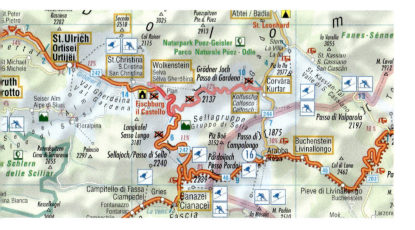

PASSO DI CAMPOLONGO
UP 1875 m ROAD 10 km ROAD CLOSED 00 - 00 GPS 46.511464°, 11.874687°

Corvara bedeutet meistens so etwas wie Halbzeitpause auf der Sella Ronda, bevor es weiter auf den dritten Pass im Bunde, den Passo di Campolongo, geht. Der verläuft genau in Nord-Südrichtung und steigt aus dem Val Badia von Corvara her kommend auf. An seinem südlichen Ende trifft er in Arabba auf die Große Dolomitenstraße zwischen Pordoijoch und Passo di Falzarego.

Keine Superlative

Der Campolongo gehört mit seinen „nur" 1875 Metern Höhe nicht zu den spektakulärsten Pässen der Dolomiten. Auch hat er keinerlei Superlative zu bieten. Dennoch kommt ihm eine zentrale Bedeutung als Hauptverkehrsader in dieser Region zu. Und er ist das Bindeglied für die „Große Acht"! Denn nur mit doppelter Überfahrt über den Campolongo lässt sich

ALPENTOURER
EXTRA-TIPP

Das Hotel La Perla in Corvara bietet ein tolles privates **MOTORRAD-MUSEUM**. Der Besitzer hat alle 120 Ausstellungsstücke – von deutscher NSU, über zahlreiche Moto Guzzis und Java bis zur Harley – selbst erworben und ist mit jeder einzelnen auf Tour gewesen. Ein echtes Erlebnis.

die Sellarunde ab Canazei im Val di Fassa mit den Pässen Falzarego und Valparola zu dem großartigen Dolomiten-Tourenklassiker in Form einer Acht verbinden.

Mächtiger Sellastock

Unsere Route verlässt Corvara in südlicher Richtung. Zunächst geht es über mehrere Serpentinen in ein kleines Hochtal. Schon die ersten Aussichtsplätze sind einen Stopp wert, lässt sich hier doch ein herrlicher Blick hinein ins Gadertal und über Corvara bis hinüber zur Geislerberggruppe mit ihren zackigen Berggipfeln genießen. Dazu gesellt sich der mächtige Sellastock.

Nur wenige Kurven später sind die Almen durchquert und die unscheinbare Passhöhe erreicht. Danach fällt die Straße in langgezogenen Kehren und einigen Serpentinen nach Arabba ab, wobei der Marmolada Gletscher sehr eindrucksvoll glänzend zwischen den Gipfeln der Rindelgruppe ins Blickfeld rückt.

Die Passstraße wurde in den Jahren 1898 bis 1901 angelegt und ist zumeist ganzjährig geöffnet. Das liegt vor allem an ihrer Einbindung in den Großraum Dolomiti Superski, der die wichtigsten Skigebiete der Region zu einem kompakten Wintersportziel vereint.

Entsprechend ist auch die im Sommer merkwürdig anmutende Bebauung der Passhöhe, die bereits das Ausmaß einer Ortschaft angenommen hat, zu erklären. So etwas kommt ansonsten an Scheitelpunkten äußerst selten vor. ◀

Der Campolongo ist das Bindeglied für die „Große Acht", eine spektakuläre Dolomitenrunde.

PASSO PORDOI

UP 2239 m **ROAD** 22 km **ROAD CLOSED** 00 - 00 **GPS** 46.487466°, 11.813534°

Das Pordoijoch ist der krönende Abschluss der Sella Ronda und ein echtes Alpen-Highlight. Knapp 50 Kilometer vom Start und Ziel der Dolomitenrunde in Canazei entfernt, entfaltet der Passo Pordoi von Arabba ausgehend seine ganze Schönheit und Pracht. Schon am Ortsausgang erwarten einen die ersten, allerdings noch relativ flachen Kehren. Dann nimmt die Große Dolomitenstraße für einige Zeit einen mehr oder weniger geraden Verlauf. Der Löwenanteil der 33 nummerierten Serpentinen folgt im Schlussabschnitt des rund zehn Kilometer langen Anstiegs.

Dabei hat man die beeindruckenden Gipfel der Langkofelgruppe stets im Blick. Der Pordoipass ist nämlich der höchstgelegene der Dolomitenstraße und bietet in beiden Fahrtrichtungen ein atemberaubendes Panorama.

ALPENTOURER
EXTRA-TIPP

Auf dem Joch befindet sich ein Denkmal für **FAUSTO COPPI** (1919-1960). Der Italiener gilt als einer der erfolgreichsten und populärsten Radfahrer der Geschichte. Er gewann fünfmal den Giro d'Italia und zweimal die Tour de France. Zu letzterer wurde er ob seines Erfolges ausgeladen.

Bis zum Scheitelpunkt des Passes auf 2 239 Metern beträgt die Durchschnittssteigung zwischen sechs und acht Prozent. Die Kurven nehmen kaum noch ein Ende. Jegliche Langeweile, sollte sie aufgekommen sein, ist hiernach verflogen. Auf der Passhöhe locken Gasthäuser und Souvenirläden, allerdings nicht so penetrant wie bei anderen bekannten Alpenübergängen.

Große Dolomitenstraße

Die Geschichte des Pordoijochs beginnt mit dem Bau der Großen Dolomitenstraße, die in diesem Streckenabschnitt 1901 begonnen wurde und 1905 vollendet war. Die Hotels Savoia und Pordoi waren die ersten Herbergen auf dem Pass. Noch heute sind in ihrem Inneren zahlreiche sehenswerte Jugendstil-Fresken erhalten.

1962 entstand am Pass auch eine der ersten großen Seilbahnen der Dolomiten hinauf zum Gipfel des 2 950 Meter hohen Sass Pordoi. Die Bahn war eine Sensation, kam sie doch auf ganzem Weg ohne Zwischenstütze aus. Ihr moderner Nachfolger ist es durchaus wert, das Motorrad am Scheitelpunkt abkühlen zu lassen, während man selbst das unvergleichliche Panorama vom Berggipfel aus genießt.

Im weiteren Verlauf bis Canazei will das Kurvengeschlängel kaum ein Ende nehmen. Doch Vorsicht: Der Pordoi hat oft viel Verkehr und dazu Horden an Radlern zu ertragen. ◂

Das Denkmal für Faust Coppi ist eine Hommage an den populärsten italienischen Radrennfahrer.

ITALIEN

PASSO DI FALZAREGO

UP 2110 m | ROAD 27 km | ROAD CLOSED 00 - 00 | GPS 46.518892°, 12.009086°

Der Passo di Falzarego verbindet Andraz mit dem bekannten Wintersportort Cortina d'Ampezzo in den östlichen Dolomiten. Zusätzlich besteht eine Verbindung zum Passo di Valparola, über den das Gadertal (Val Badia) zu erreichen ist.

Zu Füßen des Kleinen Lagazuoi gelegen trägt der Pass einen geradezu märchenhaften Namen: Falza Rego bedeutet „falscher König" und bezieht sich auf den König des Reiches der Fanes, welcher der Sage nach wegen eines Verrates zu Stein wurde und so noch heute vom Pass aus am Lagazuoi zu sehen ist.

Zusammen mit dem Passo Pordoi bildet der Falzarego in West-Ost-Richtung die Hauptverkehrsader der Dolomiten. Eine alternative, stillere Route führt weiter südlich über die Pässe Fedaia und Giau.

ALPENTOURER
EXTRA-TIPP

Südlich vom Pass bei Buchenstein thront die **BURG ANDRAZ**, eine der ältesten Burgen der Dolomiten. Im Jahre 1027 spektakulär über einer Steinlawine erbaut, diente sie als Sicherung für die Eisenstraße, auf der das in den Minen des Monte Pore gewonnene Eisen transportiert wurde.

1909 wurde die Passstraße gebaut und damit der letzte, straßenbautechnisch schwierigste Abschnitt der Großen Dolomitenstraße zwischen Bozen und Cortina vollendet. Neben einer kurvenreichen Steilauffahrt, imposanten Berggipfeln und einem entspannenden Talschuss lässt sich der Passo di Falzarego auch noch mit dem Passo Giau zu einer ansprechenden Dolomitenrunde kombinieren.

Kriegsschauplatz

Im Norden wird die Passhöhe von den Felstürmen des mit seinen 2762 Metern alles andere als „Kleinen" Lagazuoi überragt. Mehr als 600 Meter recken sie sich noch himmelwärts. Die Felswände waren im Ersten Weltkrieg ein Schauplatz des Gebirgskriegs zwischen Österreich und Italien.

Die Österreicher hatten sich im oberen Teil der Felswand verschanzt. Daraufhin trieben die Italiener Stollen in den Berg und sprengten die österreichischen Stellungen. Auf der Passhöhe findet sich heute deshalb ein Denkmal. Auf den oft Sturm umbrausten Gipfel des Lagazuoi hinauf geht es heute deutlich bequemer mit einer Kabinenbahn.

Wer noch zum Valparolapass abzweigt, rollt hernach gemütlich Cortina entgegen. Wenige Kilometer vor dem Ort geht es rechts ab zum Passo di Giau, mit dem sich der Falzarego zu einer prächtigen Dolomitenrunde kombinieren lässt. ◀

Der Pass trägt einen geradezu märchenhaften Namen: Falza Rego bedeutet „falscher König".

PASSO DEL MANGHEN

⬆ 2 047 m　　🛣 30 km　　🚧 11 - 04　　📍 46.172103°, 11.443377°

Den direkten Weg vom Val di Fiemme ins malerische Valsugana ermöglicht der 2 042 Meter hohe Passo del Manghen. Da sich die Landschaft im dichten Wald verbirgt, bleibt die Konzentration aufs Wesentliche: Kurven.

Mit seiner engen Straße und seinen anmutig gewundenen Kurven ist dieser Pass eigentlich ein Muss für jede Dolomitentour. Er ist vom nördlichen Ausgangsort Molina, (857 Meter) bis zum südlichen Ziel auf, dem auf nur noch 361 Meter gelegenen Castelnuovo, 40 beglückende Kilometer lang.

Rund 30 davon sind Passstraße. Zum Glück wird die direkte Verbindung zwischen dem Val di Fiemme im Norden und dem südlich gelegenen Valsugana nur wenig frequentiert. Was Motorradfahrern mehr als recht ist: Für Lkw und Busse besteht auf der Strecke ein Fahrverbot.

ALPENTOURER
EXTRA-TIPP

Mundartlich bezeichnet Manghen den in dieser Region verwendeten speziellen **FLASCHENZUG**, der beim Arbeiten im Wald verwendet wurde, um die gefällten Stämme zu transportieren. Die Bestellung der Tannenwälder an beiden Hängen des Berges hat hier eine 1000-jährige Tradition.

Besonders empfehlenswert ist der Manghenpass im Juli zur Alpenrosenblüte. Trotz der Ferienzeit bleibt es bei nur mäßigem Verkehrsaufkommen. Die durchgehend asphaltierte schmale Straße hat reichlich Kurven zu bieten, insbesondere in der Scheitelregion ist die Streckenführung sehr interessant.

Kehrenfrequenz nimmt zu

Das Asphaltband führt auf weiten Teilen der Strecke durch dichte Wälder. Zunächst geht es das Val Cadino hinauf. Einige Kilometer nach Beginn der Tour wird die Straße schmaler. Die Frequenz der Kehren nimmt zu, insgesamt 13 sind es an der Zahl auf der Nordrampe.

Dann geht der Wald zurück, öffnet sich zur Scheitelhöhe hin. Die Steigungsraten erreichen 16 Prozent. Nach spannender Kurbelei ist bei 2047 Metern die schmale Passhöhe erreicht. Unmittelbar unterhalb der Passhöhe liegt der Lago Cadinello idyllisch in die Landschaft eingebettet, daneben gibt es eine bewirtschaftete Hütte mit Möglichkeit zu einer stärkenden Rast. Die Aussicht zu beiden Seiten des Passes ist phantastisch.

Die Südrampe ähnelt fahrerisch der Nordrampe, verfügt zwar nur über zehn, dafür aber meist sehr enge Kehren. Das Val di Calamento ist landschaftlich sanfter. Trotz der vielen Kehren, der steilen Hänge und der damit verbundenen fahrerischen Anspannung ist die Fahrt durch die fast parkähnliche Landschaft ein echter Hochgenuss. ◀

Unmittelbar unterhalb der Passhöhe gibt es eine bewirtschaftete Hütte.

PASSO DI STELVIO
UP 2 763 m   **ROAD** 32 km   **ROAD CLOSED** 11 - 06   **GPS** 46.528683°, 10.453016°

Schon mal 48 Kehren gefahren und kein Ende in Sicht? Dann kann das nur das Stilfser Joch gewesen sein. Mit insgesamt 87 Kehren auf beiden Passrampen stellt diese alpine Prachtstrecke jeden Biker vor eine Herausforderung. Der zweithöchste asphaltierte Alpenpass, klebt regelrecht am Berg. Doch die dramatische Streckenführung wird noch von der grandiosen Natur übertroffen.

Die etwa 50 Kilometer Asphaltband über das Stilfser Joch verdanken wir – wie so viele großartige Alpenstraßen – den politischen Gegebenheiten des frühen 19. Jahrhunderts. Von 1820 bis 1826 wurde die Straße auf Geheiß des österreichischen Kaisers erbaut, um die zum Kaiserreich Österreich gehörende Lombardei besser mit den anderen Reichsteilen zu verbinden. Die Straßenführung wurde seit dem Bau kaum verändert.

ALPENTOURER
EXTRA-TIPP

Bitte nicht wundern: Während der Hochsaison fährt ein – extra kurzer – **LINIENBUS** regelmäßig die Strecke zwischen Bormio und Passhöhe ab. Außerdem rühmt sich Banca di Sondrio damit, hier den höchstgelegenen Bankschalter Europas zu haben. Das Stilfser Joch ist eben beliebt.

Das Stilfser Joch ist durchgängig asphaltiert und üblicherweise zwischen Ende Mai und Anfang November für den Verkehr geöffnet. Die Westrampe von Bormio wird meist etwas früher für den Verkehr geöffnet. Während dieser kurzen Öffnungszeit herrscht auf dieser Straße starkes Verkehrsaufkommen, was den seit 1935 bestehenden Nationalpark stark belastet. Nicht nur beim „Internationalen Treffen" in der ersten Juliwoche eines Jahres versammeln sich auf der Passhöhe gerne hunderte Motorradfahrer.

Blick auf die Ortlergruppe

In der Ortschaft Gamagoi wird man das erste Mal an die kriegerische Vergangenheit dieser Region erinnert; die alten Häuser dieses Orts wurden 1915 von den Italienern gesprengt, um freies Schussfeld für ihre Kanonen zu haben. Kurz vor Trafoi eröffnet sich ein erster Blick auf die Ortlergruppe.

Beim „Weißen Knott" bietet sich noch einmal eine besonders schöne Aussicht, bevor man über gemauerte Haarnadelkurven im teilweise extremen Zickzack hinauffährt. Zur Lockerung der Muskeln und Gelenke kann man sich auf der Passhöhe von 2757 Metern aktiv betätigen, indem man weitere 77 Höhenmeter überwindet – allerdings zu Fuß. Auf der Nordseite des Stilfser Jochs ist die Dreisprachenspitze zu erkraxeln. ◀

Mit 87 Kehren auf beiden Passrampen stellt diese alpine Prachtstrecke jeden Biker vor eine Herausforderung.

MONTE ZONCOLAN
UP 1730 m **ROAD** 24 km **ROAD CLOSED** 00 - 00 **GPS** 46.501878°, 12.927024°

Der Anbindung des Skigebiets Monte Zoncolan und dem Giro d'Italia ist der gute Zustand dieser sehenswerten Rundstrecke ab/bis Ovaro zu verdanken. Steil geht es dabei dem Himmel entgegen. Bis zu 22 Prozent Steigung weist allein die knackige, 10,5 Kilometer lange Westrampe von Ovaro zum rund 1200 Meter höher gelegenen Monte Zoncolan auf. Die nicht eben großzügig bemessenen zwei Fahrspuren verengen sich gipfelwärts zu knapp einer – Gegenverkehr unerwünscht!

Das gilt auch für die drei Tunnel, deren Zustand aber seit der Giro-Etappe 2006 viel besser ist, als zuvor. Sie sind zwar immer noch nicht asphaltiert (der Rest der Strecke schon), aber der einst tief ausgewaschene Untergrund ist nun befestigt und weitgehend geglättet. Wenn alles nach Plan verläuft, lösen Bewegungsmelder bei

ALPENTOURER
EXTRA-TIPP

Das **REFUGIO ENZO MORO** befindet sich am Hang des Monte Zoncolan und etwas abseits der Straße sowie der umliegenden Skipisten. Von Sutrio aus ist es auf einer asphaltierten Straße zu erreichen. Aufgetischt werden hausgemachte Spezialitäten mit Produkten aus der Region.

Einfahrt auch eine Beleuchtung aus – jedenfalls theoretisch, denn nur allzu oft sind sie defekt. Dem Fahrspaß tut dies keinen Abbruch.

Alte, steile Trasse

Am Gipfel angekommen eröffnet sich übrigens eine seltene 360 Grad-Rundumsicht, die jegliche Anstrengung wert ist. Fahrfreude hingegen kommt auch auf der Ostabfahrt auf. Weil hier der Großteil des Wintersportverkehrs fließt – in den letzten Jahren entstand an der östlichen Seite des Berges eines der wichtigsten Skigebiete der Region Friaul-Julisch Venetien –, ist das Asphaltband seither breit ausgebaut. Wer der alten, steilen Trasse folgen möchte, muss rund vier Kilometer unterhalb des Gipfels rechts nach Priola abzweigen. Die anderen erreichen in zügigen Schwüngen Sutrio.

Die historische Strecke kann den technischen Daten der Westrampe noch eine Krone aufsetzen, denn hier sind 1140 Höhenmeter Unterschied auf nur 8,9 Kilometern zu bezwingen. Was Radler verfluchen, begeistert Motorradfahrer.

Einstieg in die Panoramico

Über den 958 Meter hohen Sella Valcalda und weiter über Comeglians wird bis zur Rückkehr nach Ovaro eine leckere Runde mit etwas über 40 Kilometern Gesamtlänge aus dieser Route. Schotterfans können bei Ravascletto übrigens noch auf die legendäre Panoramica delle Vette einbiegen, die über Tualis ebenfalls Comeglians erreicht. ◀

Die nicht eben großzügig bemessenen zwei Fahrspuren verengen sich gipfelwärts zu knapp einer.

PASSO CIBIANA

UP 1536 m **ROAD** 21 km **ROAD CLOSED** 00 - 00 **GPS** 46.374433°, 12.257598°

Der Passo Cibiana verbindet Pieve di Cadore mit Forno di Zoldo. Die enge Strecke mit einer Länge von rund 20 Kilometern zwischen den beiden Tälern und einer maximalen Steigung von 15 Prozent bleibt auch im Winter geöffnet. Als Anschluss bieten sich Passo Duran nach Süden oder Passo Staulanza nach Norden an.

In die Alpi Bellunesi

Von der Piazza Tiziana, benannt nach Tizian, dem berühmten Sohn des Ortes Pieve di Cadore, geht es durch das malerische Val Boite zunächst nach Venas. Erst hier zweigt die Strecke zum Forcella Cibiana ab. Die begeisternde Streckenführung lockte schon immer Biker hierher in die Alpi Bellunesi. Doch trübte in der Vergangenheit schlechter Belag die Freude der Entdecker. Das hat sich mit dem

---

ALPENTOURER
EXTRA-TIPP

Das **OLDTIMERRENNEN** Coppa d'Oro delle Dolomiti führt auch über diesen Pass. Jahrelang im September, mittlerweile meist im Juli eines Jahres treten Liebhaber die Fahrt auf dieser Gebirgsstraße an. Zugelassen sind Fahrzeuge, die zwischen 1919 und 1961 konstruiert wurden.

2011er Giro d'Italia grundlegend geändert.

Jetzt präsentiert sich der 1536 Meter hohe Cibiana in perfektem Zustand – und wird so noch mehr zu einem feinen Leckerbissen. Besonders für Dolomitenfreunde, denen der überbordende Verkehr an anderen Pässen der Region auf die Nerven geht. Die Strecke führt zusätzlich zum fahrerischen Vergnügen auch an einigen eindrucksvollen Felsformationen vorüber.

Spitzen-Kaffee

An der Passhöhe befindet sich das ganzjährig geöffnete Gasthaus Rifugio Remauro, das einen Spitzen-Kaffee serviert. Der hilft über die Enttäuschung hinweg, dass der Abzweig auf den Monte Rite nur noch Pedalisten oder Jeep-Taxis vorbehalten ist. Auf dem 2183 Meter hohen Gipfel mit seinem hervorragenden Dolomitenpanoramablick steht ein italienisches Sperrfort aus dem Ersten Weltkrieg, das 1911 erbaute Forte di Monte Rite.

Heute beherbergt es allerdings Reinhold Messners Mountain Museum Dolomites, das allein schon angesichts der Lage sicher einen Besuch wert ist. Es gehört mit vier weiteren Standorten zum Verbund Messner Mountain Museum und hat die vertikale Welt der Dolomiten zum Thema. In seinem Inneren wird die Erschließungsgeschichte der Dolomiten sowie ein Teil der Alpingeschichte gezeigt. Nach der Abfahrt ins Zoldo-Tal locken mit Duran oder Staulanza weitere Schmankerl. ◀

Der Passo Cibiana präsentiert sich seit dem 2011 Giro d'Italia in perfektem Zustand.

ITALIEN

COLLE DELLE FINESTRE
↑ UP 2176 m ROAD 27 km ROAD CLOSED 11 - 06 GPS 45.072097°, 7.053566°

Der 2176 Meter hohe Schotterpass verbindet Susa im gleichnamigen Tal mit Fenestrelle im Val Chisone. Er ist ein gutes Aufwärmprogramm für Schottereinsteiger und abenteuerlustige Tourer.

Eine Giro-Legende

Kaum zu glauben, dass eine solche Strecke selbst im Profiradsport eine gewisse Bedeutung hat, aber der Colle delle Finestre ist eine Giro-Legende. 2005 und erneut 2011 quälten sich die Strampler mit ihren filigranen Rennrädern über den Schotterpfad – und das am vorletzten Tag eines eh schon harten Rennens.

Zu Zeiten eines Faust Coppi, der italienischen Radsport-Legende, die bis heute weithin verehrt wird, waren solche Strecken allerdings völlig normal. Auch in Erinnerung daran zeigte das Fernsehen die Bilder der ersten

ALPENTOURER
EXTRA-TIPP

Bei der **FESTUNG FENESTRELLE**, erbaut im 18. Jahrhundert, handelt es sich um die größte Gebirgsfestung Europas. Die gesamte Anlage überwindet 600 Höhenmeter. Dies gelingt durch eine lange Mauer, die im inneren eine durchgehende Treppe aufweist und zwei Kilometer lang ist.

Giro-Befahrung 2005 atmosphärisch dicht in Schwarzweiß.

Für Offroad-Einsteiger

Wer mit der Kraft seines Motorrads an den Colle delle Finestre herangeht, hat kaum Unbill zu erwarten. Die Befahrung von Nord nach Süd erfolgt zwar zunächst über kurvenreiche und unasphaltierte Abschnitte, belohnt aber von der Passhöhe abwärts mit einem zwar schmalen, dafür gut zu befahrenden Asphaltband. Offroad-Einsteiger finden hier ein sicheres Betätigungsfeld, ohne sich gleich zu überfordern. Vor dem Finestre muss niemand zurückzuschrecken.

Wie bei vielen Strecken in der italienisch-französischen Grenzregion ist

auch diese von verfallenen Befestigungsanlagen gesäumt, die uns an Zeiten eines weniger friedlichen Europas mahnen. Darunter befindet sich auch die größten Anlage ihrer Art in Europa, die sehenswerte Forte di Fenestrelle. Auf drei Kilometern Länge werden 600 Höhenmeter überwunden, was das Bauwerk zum zweitgrößten Mauerbau nach der chinesischen Mauer macht. Ihre drei eigentlichen Festungen San Carlo, Tre Denti sowie Delle Valli, sind über fast 4000 Treppenstufen, die durch einen Tunnel führen, miteinander verbunden.

Der Pass ist vom 1. November bis 31. Mai mit einer Wintersperre belegt und lässt daher Motorradfahrern nur ein kurzes Zeitfenster. Südlich des Scheitelpunkts zweigt mit der Assieta Kammstraße ein weiteres Schotter-Highlight vom Finestre ab. ◀

Ein gutes Aufwärmprogramm für Schottereinsteiger und abenteuerlustige Tourer.

ITALIEN

55 ALPENPÄSSE

COLLE SOMMEILLER

UP 2 995 m ROAD 20 km ROAD CLOSED 10 - 07 GPS 45.13359°, 6.84425°

Mit knapp 3 000 Metern ist der Colle Sommeiller noch immer der höchste, dauerhaft und legal anfahrbare Punkt der Alpen – und Austragungsort des jährlichen Motorradtreffens „Stella Alpina". Unwirtlich ist es oben am Ziel, fast wie in einer Mondlandschaft, so karg und selbst bei Sonne ein wenig trostlos. Aber dafür kommt man ja nicht auf das 2 995 Meter hoch gelegene Plateau.

Grenze zu Frankreich

Als es hier noch einen Gletscher und ein Sommerskigebiet gab war das anders. Da stand sogar ein Hotel in dieser luftigen Höhe. Davon ist heute nichts mehr zu sehen, seit das Skigebiet nach einem schweren Lawinenunglück in den 1960er Jahren aufgegeben wurde. Die Fläche wurde in Folge als Wanderparkplatz hergerichtet und mit Absperrungen versehen. Seither ist auch das

ALPENTOURER
EXTRA-TIPP

Der eigentliche Gipfel dieses Berges – der Colle Sommeiller – befindet sich auf **3000 METER** Höhe und ist selbst offroad von keiner Seite aus mit dem Motorrad befahrbar. Zumindest nicht legal. Wer unbedingt hinauf möchte, muss zu Fuß einen kleinen See umrunden und dann hinaufklettern.

eigentliche Ziel nurmehr zu Fuß erreichbar. Es lag sogar auf 3 005 Metern und markierte zudem die Grenze zu Frankreich. Eine Abfahrt wäre von hier aus aber eh nicht möglich.

Am Rifugio wird es ernst

Die Strecke zum Sommeiller beginnt in Bardonecchia zunächst noch asphaltiert und führt ab Rochemolles unbefestigt, aber weiterhin gut befahrbar zum Rifugio Scarfiotti am Talschluss. Dann wird es ernst. Grober Schotter und ein zunehmend schmalerer Pfad über 16 Kehren zur Pian dei Morti machen die Bergfahrt zu einer Herausforderung. Unerfahrene sollten denn auch davon absehen. Zum Abschluss gibt es noch einen weiteren Anstieg mit einigen Kehren, der aber gegenüber dem bis hierher Erlebten keine neue Herausforderung darstellt.

Die Route ist zumeist nur kurze Zeit und frühestens ab Mitte Juli befahrbar, da der Schnee am Westhang nur langsam abtaut. Hinzu kommt freitags bis sonntags zwischen 9 und 17 Uhr eine generelle Wochenend-Sperre. Eine Ausnahme ist das „Stella Alpina"-Treffen. Es findet stets zum „Saisonanfang" am zweiten Juli-Wochenende statt. Aus Anlass dieses „höchstgelegenen Motorradtreffens" der Welt wird die Strecke auch immer mal ausgebessert, zumindest aber vom Schnee befreit. Das beste Zeitfenster für eine gesicherte Bewahrung ist aber Anfang September. ◀

Die Route ist zumeist nur kurze Zeit und frühestens ab Mitte Juli befahrbar.

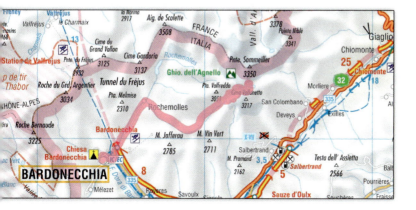

FÜR REVOLUTIONÄREN SITZKOMFORT!

FUNKTIONSSHORTS MIT SPEZIAL-POLSTER FÜR MOTORRADFAHRER

REVOLUTIONÄRER SITZKOMFORT

WISSENSCHAFTLICH ENTWICKELT FÜR DEINE SITZPOSITION

SPORT

ADVENTURE

CRUISER

Weitere Informationen zu den einzelnen Ausführungen und Bestellmöglichkeit in Europa findet Ihr auf:

Color your ride ...

TEAM GREEN • ENDURANCE • PINK LADY
Motorrad-Funktionsstrümpfe mit leichter Kompression.
Größen 35-38 • 39-42 • 43-46. **€ 17,95***

EAU ROUGE • AVALON • RALLY ADV
Motorrad-Funktionssocken in den Größen
35-38 • 39-42 • 43-46 • 47-50. **€ 9,95***

Bring Farbe und Funktion in Dein Motorradleben. Mit den hochfunktionalen Motorradsocken und -strümpfen von ALPENTOURER. Verfügbar als halbhohe Socken mit breitem Bund für angenehmen Tragekomfort auf Deiner Ausfahrt. Oder als hohe Kniestrümpfe mit leichter Kompression für längere Ausdauer auf großer Tour. Infos und Bestellungen: **TOURERSHOP24.DE**

ÖSTERREICH | SLOWENIEN

55 ALPENPÄSSE

ÖSTERREICH | SLOWENIEN

Silvretta Hochalpenstraße	80
Timmelsjoch-Hochalpenstraße	82
Kühtai-Sattel	84
Staller Sattel | Pustertaler Höhenstraße	86
Großglockner Hochalpenstraße	88
Postalm | Lienbachsattel	90
Nockalm-Höhenstraße	92
Egger Alm | Schloßhüttensattel	94
Predel-Pass	96
Mangartstraße	98
Vršič-Sattel	100
Slowenische Grenzkammstraße	102

ÖSTERREICH | SLOWENIEN

SILVRETTA HOCHALPENSTRASSE
UP 2 036 m **ROAD** 21 km **ROAD CLOSED** 11 - 05 **GPS** 46.917912°, 10.094376°

Eine faszinierende Bergwelt, von zahlreichen Dreitausendern gekrönt, so stellt sich die Silvretta-Gruppe dar. Österreich und die Schweiz teilen sich das Gebiet, in der Alpenrepublik gibt es die sehenswerte Mautstraße dazu.

Zwei Gesichter

Die Silvretta Bergkette hat zwei Gesichter. Der größere Teil des Gebiets liegt auf Schweizer Staatsgebiet. In Österreich hingegen finden Bergsteiger und Touristen eine nennenswerte Infrastruktur vor, nicht zuletzt auch durch die Silvretta Hochalpenstraße. Sie führt durch die „Schauseite", die mit großflächiger Vergletscherung und hochalpinem Anblick die Besucher zu beeindrucken weiß.

Betreiberin der Panorama-Straße ist die Illwerke AG. Ihr primäres Interesse liegt bei der Energiegewinnung

ALPENTOURER
EXTRA-TIPP

Schon seit 1998 gibt es mit der **SILVRETTA CLASSIC RALLYE** immer im Juli ein Spektakel der besonderen Art. In Oldtimern bezwingen Dutzende von Teilnehmern die Hochalpenstraße. Dieses rollende Automobilmuseum ist auch für Zuschauer am Wegesrand mehr als imposant.

mittels Wasserkraft. So ist die heute bekannte und beliebte Strecke überhaupt erst entstanden. Sie war die Basis für die Bauarbeiten an Dämmen und Kraftwerk und wurde 1954 dem Verkehr übergeben. Als Teil der 64 Kilometer langen Landesstraße verbindet sie, mautpflichtig auf 21 Kilometern von Galtür bis Partenen, Tirol mit Vorarlberg.

Zuletzt kostete die Maut für Motorräder zwölf Euro, für Pkw 15 Euro. Wer länger in der Region verweilt und die Strecke mehrfach fahren möchte, der kann auch eine Wochenkarte für 27 Euro erstehen.

Alpinarium Galtür

In Galtür sollte ein Blick in das faszinierende Alpinarium geworfen werden. Die Ausstellung entstand in Folge des Lawinenunglücks von 1999. Das Gebäude ist zudem Teil der neuen Schutzmauer.

Als beliebte Aussichtsstraße der Alpen führt die Silvretta an Stauseen und großartigen Bergpanoramen vorbei. Von Osten kommend verläuft die Route ohne nennenswerte Kehren bis zur Bieler Höhe hinauf. Ein kleine, schmale Rundstrecke zum alten Speichersee Kops bildet da eine willkommene und vor allem verkehrsarme Abwechslung.

Ganz anders die Westrampe: Auf 14 Kilometern werden ab Partenen mit sage und schreibe 30 Kehren 1000 Höhenmeter gewonnen. ◂

Die Silvretta Hochalpenstraße führt an Stauseen und großartigen Bergpanoramen vorbei.

ÖSTERREICH | SLOWAKEN

TIMMELSJOCH-HOCHALPENSTRASSE
UP 2 509 m   **ROAD** 50 km   **ROAD CLOSED** 10 - 06   **GPS** 46.905245°, 11.096878°

Die Timmelsjoch-Hochalpenstraße ist der höchste Übergang in den Ostalpen und stellt die kürzeste Verbindung vom Tiroler Norden in den Italien zugehörigen Süden Tirols dar. Ihr besonderer Reiz: die höchst unterschiedliche Streckenführung beiderseits der Grenze.

Was wäre, wenn?

Was wäre der motorisierte Verkehr in Europa nur ohne solche Straßen? Welche Umwege müsste man in Kauf nehmen, wäre 1959 nicht die Auffahrt auf den 2 509 Meter hoch gelegenen Scheitelpunkt eröffnet worden? Ganz einfach: Es gäbe zwischen Brenner und Reschenpass nicht einen nutzbaren Übergang nach Südtirol.

Aber es gibt ja das Timmelsjoch – und das hat es in sich. Schon die Anfahrt von Norden kann trotz der hohen Ausbauqualität begeistern. Auf den 24

ALPENTOURER
EXTRA-TIPP

An markanten Haltepunkten entlang der Straße wurden **FÜNF ARCHITEKTUR-SKULPTUREN** mit Hinweisschildern errichtet. Sie informieren Reisende auf unterhaltsame Art über Besonderheiten, Wunderliches und Jahrtausende alte Gemeinsamkeiten zwischen Passeier- und Ötztal.

Kilometern von Sölden hinauf aufs Joch sind 1132 Höhenmeter zu überwinden. Zwei Teilstücke recken sich mit elf Prozent Steigung dem Übergang entgegen. Die Strecke ist als Zufahrt zum Skigebiet übersichtlich und breit ausgebaut, der Belag wird permanent instand gehalten, da legt man auch gerne eine Maut auf den Tisch. Die beginnt für Motorräder bei zwölf Euro für die einfache Fahrt oder 14 Euro hin und retour. Bei Pkw sind es 14 bzw. 18 Euro. Eine Saisonkarte kostet 60 Euro. Seit einigen Jahren sind ein paar „Erlebnisstationen" an der Straße im Preis enthalten.

Aufrüttelnde Kehren

Wo Italien beginnt, hört allerdings die Fahrbahnqualität abrupt auf. Aufrüttelnde Kehren, mit Winkeln bis 180 Grad, sind keine Ausnahme. Hinzu kommen zahlreiche Tunnel, einer davon sogar mittels großer Holztore verschließbar.

Erschwerend kommt das Profil der Südrampe hinzu: Der meist nur von Ende Juni bis Anfang Oktober für den Verkehr geöffnete Pass bewältigt an seiner Südflanke stattliche 1820 Höhenmeter, gemessen bis St. Leonhard im Passeiertal.

Auf den knapp 50 Kilometern bis Meran sind es sogar gut 2 200 Meter. Und über das Fahrverbot für Busse, Schwerverkehr und Wohnwagen am Timmelsjoch dürfen sich Motorradfahrer besonders freuen. ◀

Das Timmelsjoch bietet höchst unterschiedliche Streckenführung beiderseits der Grenze.

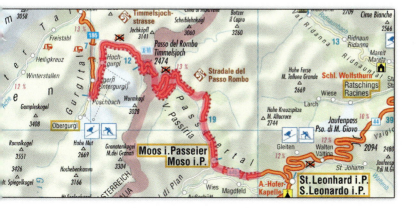

KÜHTAI-SATTEL

UP 2 017 m **ROAD** 35 km **ROAD CLOSED** 00-00 **GPS** 47.216070°, 11.030102°

Das Kühtai gilt gemeinhin als schönste Alternative zum verkehrsreichen Inntal, wenn man auf dem Weg nach oder von Innsbruck ist. Allerdings können auch hier manchmal Hindernisse auftreten. Ob der Name Kühtai wohl etwas mit Kühen zu tun hat? Wohl eher nicht. Könnte aber sein, denn Begegnungen der Adrenalin fördernden Art mit dem ein oder anderen Rindvieh kommen einem hier häufiger unter.

Trotzdem fahren Biker die parallel zum dauerverstopften Inntal verlaufende Strecke von Ötz nach Innsbruck gerne. Man muss halt nur stets mit Rindviechern auf der Straße rechnen. Und mit allem, was die so unter sich zu lassen pflegen. Kein Wunder, schließlich heißt dieser Streckenabschnitt sogar „Ochsengarten".

Dafür können einem andere Hindernisse der motorisierten Art hier

ALPENTOURER
EXTRA-TIPP

Alljährlich Ende August quälen sich hunderte Teilnehmer unmotorisiert auf zwei Rädern beim **ÖTZTALER RADMARATHON** von Westen kommend die unrhythmischen Steilstufen und langen Geraden auf der steilen Ostrampe hinauf. Ein Spektakel der besonderen Art.

nicht begegnen, die Strecke ist etwa für Busse über neun Meter Länge oder 14 Tonnen Gewicht gesperrt. Immerhin.

Dichte Bewaldung

Ja, immerhin lässt sich auf weiten Teilen des 33 Kilometer langen Abschnitts zwischen Ötz und Gries im Sellrain einiges an faszinierenden Landschaftsbildern genießen. Bis kurz vor den Scheitelpunkt des Sattels auf stattlichen 2017 Metern gibt es dichte Bewaldung. Erst nach dem Speicher Längental wandelt es sich in karges Hochland.

So ist wenigstens Platz für den gigantischen Parkplatz der Liftstation, der auch im Sommer gut mit den Fahrzeugen von Tageswanderern gefüllt ist. An der Dortmunder Hütte hat sich ein Bikertreff etabliert, Benzingespräche und der Austausch von Reisetipps über einem Heißgetränk sind hier an der Tagesordnung.

Ohne eine weitere Serpentine geht es ab hier talwärts. Langeweile mag trotzdem keine aufkommen, dazu ist es viel zu schön, rhythmisch dem sanft in die Landschaft integrierten Wegverlauf zu folgen.

Das dann wieder stark bewaldete Zirmbachtal weist stellenweise ein Gefälle um 16 Prozent auf – ein netter Spaß. Durch das Sellrain kann man abschließend gen Tirols Hauptstadt Innsbruck geradezu ausrollen, bis einen der elende Verkehr des Inntals wieder in seinen Klauen hat. ◄

An der Dortmunder Hütte hat sich ein Bikertreff etabliert.

ÖSTERREICH | SLOWENIEN

STALLER SATTEL

UP 2 059 m ROAD 20 km ROAD CLOSED 00 - 00 GPS 46.887818°, 12.199320°

Sie bilden ein dynamisches Duo, der Einwegpass Staller Sattel an der Grenze zu Italien und die Pustertaler Höhenstraße mit prächtigem Blick auf die Lienzer Dolomiten. Diese Runde hat schon etwas von einem Klassiker.

Fahrspaß mit Fernsicht

Man nehme: zwei wunderbare Alpenstraßen. Man verbinde sie mittels zügiger Duchquerung eines Hochtals. Und man setze Start uns Ziel in einer hübschen und lebendigen Stadt fest. Das Ergebnis ist: Fahrspaß, Fernsicht und eine kleine Kuriosität. Aber der Reihe nach.

Start und Ziel ist das sonnenverwöhnte Lienz, die Hauptstadt Osttirols. Ein kurzer Schwenk ins Pustertal, und fast noch vor Erreichen des dritten Gangs geht es rechts ab. Zügig steigt die Pustertaler Höhenstraße an. Ein

ALPENTOURER
EXTRA-TIPP

An der Pustertaler Höhenstraße befindet sich der **WILDPARK ASSLING**, in dem alle Arten heimischer Wildtiere teils in Gehegen, teils in freier Natur beobachtet werden können. Spaß macht die Fahrt mit der Sommerrodelbahn, die in die Naturlandschaft des Wildparks eingebettet ist paar Höfe und kleinere Ansiedlungen sind schnell überbrückt, dann öffnet sich die Landschaft und der Blick schweift über die Zacken der Lienzer Dolomiten, die wie die Spitzen einer Krone in den Himmel ragen.

Plötzlich ist Schluss

Erst bei Abfaltersbach, nach gut 25 Kilometern, verschmilzt der Weg wieder mit der B 100, die bei Sillian ans Ende der Osttiroler Welt führt. 40 Kilometer weiter – im Südtiroler Teil des Pustertals – zweigt rechts das Antholzer Tal ab. Bis zum Antholzer See folgt die Route dem Tal. Plötzlich ist Schluss. Eine rote Ampel mitten im Nichts bremst das Weiterkommen ein.

Das ist die Zufahrt zum Staller Sattel. Jeweils zur halben Stunde beginnt eine 15-minütige Grünphase für die Bergfahrt, zur vollen Stunde gibt es das gleiche Spiel für den Verkehr ins Tal. Man hat also maximal 30 Minuten Zeit für fünf schmale, teilweise völlig ungesicherte Kilometer, auf der acht ziemlich enge Kehren helfen die 400 Meter Höhenunterschied zum Sattel – und zum Grenzübergang nach Österreich – zu bewältigen.

Dann entlässt der Staller Sattel seine Bezwinger ins prächtige Defereggental. Es zählt zu den unberührtesten Hochgebirgstälern in den Alpen und ist mit rund 60 Kilometern auch eines der längsten. Es mündet in die Felbertauernstraße, den Weg zurück nach Lienz. ◀

Zufahrt zum Staller Sattel: Jeweils zur halben Stunde beginnt eine 15-minütige Grünphase für die Bergfahrt, zur vollen Stunde für den Verkehr ins Tal.

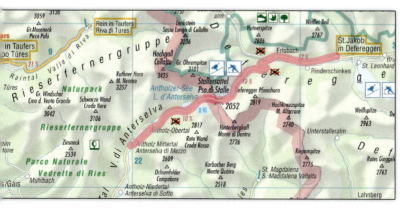

ÖSTERREICH | SLOWENIEN

GROSSGLOCKNER HOCHALPENSTRASSE
↑ UP 2 506 m   ROAD 40 km   ROAD CLOSED 10 - 04   GPS 47.082690°, 12.842589°

Was ist über den Großglockner nicht schon alles geschrieben worden. Macht nichts, schließlich bleibt die 48 Kilometer lange Strecke durch den Nationalpark Hohe Tauern eine Traumstraße für Motorradfahrer. Wer einmal auf ihr unterwegs war, wird das Verlangen nicht mehr los. Egal, wie oft man sie befährt: Sie ist einem stets neu, so manches Mal gar fremd.

Was sie stets war und bis heute ist: ein Traum von einer Straße. Kaum irgendwo anders auf dieser Welt führen 48 Kilometer derart kurzweilig durch eine noch dazu verschwenderisch schöne Landschaft. Die Mautstation Ferleiten ist für viele der erste Kontakt mit „der Glöcknerin". Es sei denn, man hat pfiffigerweise von Norden kommend ein Kombiticket an der Felbertauernstraße gezogen und nimmt den umgekehrten Weg.

ALPENTOURER
EXTRA-TIPP

Zahlreiche Schautafeln, Lehrpfade, Aussichtspunkte sowie Museen und Ausstellungen gibt es entlang dieser Hochalpenstraße. Zu allen **AUSSTELLUNGEN, THEMENWEGEN & SERVICE-EINRICHTUNGEN** ist der Eintritt bereits in der Tageskarte enthalten.

Da Motorradfahrer eine besonders gefragte Klientel für die Betreiber der Straße sind, hat sich die AG in den letzten Jahren viel einfallen lassen, um Biker zu verwöhnen. Besondere Haltepunkte sowie Parkplätze nur für Zweiräder etwa, oder die kostenlosen Schließfächer für Gepäck und Wertsachen an den „Biker Points". Dieses Konzept wurde inzwischen auch auf die anderen drei unter der Ägide des Unternehmens stehenden Alpenstraße adaptiert – mit Erfolg.

Der Belag ist erste Sahne

Besonderen Reiz übt die Strecke auch deshalb aus, weil man hier wirklich etwas für sein Geld bekommt. Der Belag ist zumeist erste Sahne, die Infrastruktur prächtig, und wen es trotz aller fahrerischer Herausforderung noch nach Wissenserweiterung dürstet, der wird entlang der Route ebenfalls fündig: im Nationalparkhaus oder am Franz-Josef-Haus an der Pasterze, dem über eine Stichstraße erreichbaren Gletscher unterhalb des Glockner-Gipfels.

Besonders schön ist auch, dass ein Tagesticket zu 14 Euro auch wirklich den ganzen Tag lang gilt und nicht nur für die einfache Fahrt. So lässt sich aus eins auch zwei machen, aus 48 werden 96 mögliche Kilometer. Nach dem Frühstück auf die Piste, zum Mittagessen in Lienz und am Abend zurück im Hotel auf der Nordseite. Alles machbar.

Dann kann auch die Edelweißspitze, der höchste Punkt, zweimal genommen werden... ◀

Auf der Edelweißspitze, dem mit 2571 Metern höchsten Punkt der Großglocknerstraße, lässt sich die imposante Bergwelt genießen.

ÖSTERREICH | SLOWENIEN

POSTALM | LIENBACHSATTEL
UP 1304 m   **ROAD** 27 km   **ROAD CLOSED** 00 - 00   **GPS** 47.626609°, 13.414607°

Mautpflichtig wie so viele Strecken in Österreich entlässt einen die Postalm aber schon nach kurzer Zeit in eine erholsame Einsamkeit auf der nicht nur höchsten Alm der Republik. Das Gebiet zwischen Strobl und Abtenau stellt gleichzeitig das größte zusammenhängende Almgebiet Österreichs dar.

Den Wolfgangsee lässt man kurz hinter sich, da ist schon Strobl im Salzburger Land erreicht. Und damit der Start zur Postalm. Leider wird die vor allem landschaftlich besonders reizvolle Strecke im Sommer auch gerne vom Schwerverkehr genutzt – und nicht nur touristischem in Form von Reisebussen. Im Frühsommer, vor dem Almauftrieb, sowie im Herbst nach erfolgtem Abtrieb hat man die Straße aber weitgehend für sich.

Neun Kehren in XXL-Format führen zum Abzweig am oberen Parkplatz.

ALPENTOURER
EXTRA-TIPP

Die **RETTENEGGHÜTTE** besteht seit ca. 300 Jahren und wird schon seit 4 Generationen von der Familie bewirtschaftet. Die Hütte liegt auf 1222 Meter Seehöhe am Fuße des Braunedelkogel. Man genießt hier selbst gemachte Schmankerl von Almkäse, Butter, Brot, Speck und Mehlspeisen.

Die anderthalb Kilometer lange Stichstraße sollte mitgenommen werden (ist im Preis von derzeit fünf Euro pro Motorrad und neun Euro für Pkw inklusive), weil sich hier auf dem Almgebiet nicht nur eine malerische kleine Kapelle verbirgt, sondern auch das Panorama zu überzeugen weiß.

Üppige Brettljausen

Unterwegs Richtung Abtenau werden in Folge einige Almhütten passiert, die zur Rast laden. Am Lienbachhof gibt es sogar einen extra abgetrennten, respektive eingezäunten Parkplatz, damit das sommerlich grasende Milchvieh nicht versehentlich Kontakt zu einer Gummikuh (oder anderen Motorrädern) aufnimmt. Üppige Brettljausen sind hier sehr gefragt und dürften selbst dem hungrigsten Motorradfahrer genügen.

Auf Hochniveau geht es weiter zum Lienbachsattel, die Straße folgt dem Plateau ohne nennenswerte Steigungen oder Gefällstrecken. Bei Seydegg setzt der Abstieg ein. Zudem wurde hier das Mauthäuschen hingestellt. Wer also bisher dachte, er käme ungeschoren davon, sieht sich spätestens jetzt getäuscht, wird aber mit fünf Euro auch nicht gerade verarmen. Die Station ist dank Kassenautomat unbesetzt. Bei Problemen mit der Technik ist aber binnen weniger Minuten freundliche Hilfe vor Ort.

In Richtung Abtenau rollt die Postalm dann aus. Sie mündet in einen letzten großzügig angelegten Schwenk, bevor sie wieder eine Hauptstraße erreicht. ◀

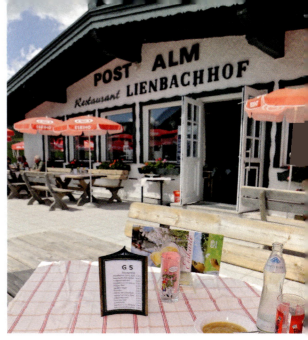

Die Postalm zwischen Abtenau und Strobl: das größte zusammenhängende Almgebiet Österreichs.

ÖSTERREICH | SLOWENIEN

NOCKALM-HÖHENSTRASSE

⬆ UP 2 042 m   ROAD 35 km   ROAD CLOSED 11 - 06   GPS 46.937723°, 13.751621°

Sie ist die touristische Route durch den Nationalpark Nockberge: die Nockalm-Höhenstraße. Als mautpflichtiger Weg wird sie stets gut in Schuss gehalten.

Motorradfreundlich

Egal, von welcher Seite aus man sich die Nockalm-Höhenstraße vornimmt, beide haben ihre Höhepunkte. Da auch hier die Großglockner Hochalpenstraßen AG verantwortlich zeichnet, ist die Straße in sehr guten Zustand. Zusammen mit der Glocknerstraße wurde sie vor einigen Jahren ebenfalls motorradfreundlich gestaltet. Bikers Point und Schließfächer, Sonderparkplätze und sogar die Verwendung besonders griffigen Asphalts bei Erneuerungen machen eine Tour zum Vergnügen.

Je nach Präferenz liegt den meisten die nördliche Zufahrt mehr. Von

ALPENTOURER
EXTRA-TIPP

Höchster Punkt der Nockalmstraße ist die Eisentalhöhe mit dem **BIKERS POINT** auf 2 042 Metern. Hier gibt es schmackhafte Kärntner Kost, reservierte Motorrad-Parkplätze sowie Hinweise auf Landschaft, attraktive Motorradtouren und motorradfreundliche Unterkünfte.

Kremsbrücke aus kommend geht es zunächst nach Innerkrems. Hier ist dann erst einmal der Obulus zu entrichten. Mit zehn Euro für das Tagesticket halten sich die Kosten in Grenzen.

Günstiger wird es übrigens, wenn man sich für das TOUR-Ticket entscheidet. Für 32,50 Euro sind dann Großglockner Hochalpenstraße, Nockalm, und Gerlosstraße abfahrbar, auf die Maut für die Villacher Alpenstraße gibt es Rabatt. Im Vorverkauf ist das Ticket bei ÖAMTC oder ADAC bereits für 28,50 Euro zu haben.

Nockberge zu Füßen

Kurz nach der Einfahrt ist schon der mit 2 042 Metern höchste Punkte der Strecke erreicht, die Eisentalhöhe. Hier oben gibt es nicht nur den Bikers Point, hier liegt einem auch der gesamte Nationalpark Nockberge malerisch zu Füßen. In der Ferne lässt sich auch die Fortsetzung der Strecke ausmachen, ein überaus appetitanregendes Bild.

In Folge dreht und windet sich das Asphaltband, dass es eine Wonne ist. Höhepunkt der schwindelerregenden Kurvenräuberei ist dann die 2 015 Meter hoch gelegene Schiestlscharte, an der die Glockenhütte mit Bikers Point zur Rast einlädt. Die Kurven machen hier teils dramatisch zu, die überdimensionale Straßenbreite stellt aber genügend Reserven zur Verfügung.

Einen Bonus hält die Gegend dann noch nach der Ausfahrt bereit: Die Auffahrt zur Turracher Höhe sollte sich niemand entgehen lassen. ◀

An der Nockalm-Höhenstraße liegt einem der gesamte Nationalpark Nockberge malerisch zu Füßen.

93

ÖSTERREICH | SLOWENIEN

55 ALPENPÄSSE

EGGER ALM/SCHLOSSHÜTTENSATTEL

UP 1416 m   ROAD 19 km   ROAD CLOSED 00 - 00   GPS 46.585824°, 13.380404°

Almen sind die Sommerweidegebiete alpiner Landwirte. Sie üben seit jeher eine besondere Anziehungskraft auch auf Motorradfahrer aus. Wenn nicht überwirtschaftet, liegen sie meist in prächtiger Natur und abseits des sonst üblichen touristischen Trubels. Weil Wanderer und Mountainbiker sie aber ebenfalls schätzen, sind viele Almen schon länger nicht mehr für motorisierte Gäste erreichbar.

Gute Küche

Anders die Egger Alm: Nach Aufhebung der Wintersperre gibt es auf der L 23 eine kurvenreiche Auffahrt von Hermagor im Kärntner Gailtal bis auf rund 1400 Meter. Auf der Alm lockt das Gasthaus „Zum Rudi", wegen seiner gute Küche weit über die Grenzen hinaus sehr bekannt, zur Einkehr – mittlerweile sogar ganzjährig. Ein

ALPENTOURER
EXTRA-TIPP

Auf über 1400 Meter Seehöhe kann man in der Eggeralm inmitten der unberührten Landschaft einem Hüttenzauber nach Gailtaler Art erleben. Alle Speisen wie die Spezialität **RUDI'S FRIGGA-PFANDL** sind hausgemacht und ausschließlich mit regionalen Produkten zubereitet.

echter Geheimtipp ist Rudi's Frigga-Pfandl – eine alte Holzknecht-Mahlzeit, die auch Motorradfahrern wieder auf die Beine hilft.

Gailtaler Almkäse

Die ansonsten von Mitte Mai bis Ende September bewirtschaftete Egger Alm lässt sich auch als Etappe einer Kärnten-Tour nutzen. Im Almgasthaus „Zur Alten Käserei" werden Schlafmöglichkeiten in Zimmern und im Bettenlager bereitgestellt. Der letzte Sonntag im Juli ist ein echter Festtag hier oben: Dann wird der neue Käse angeschnitten. Der mehrfach preisgekrönte Gailtaler Almkäse ist sicher manche Sünde wert...

Unsere Etappe führt mit einem Schwenk parallel zum Kamm, passiert den Egger-Alm-See und verläuft dann über die von Anfang Juni bis Ende September bewirtschaftete Poludnigalm auf den 1453 Meter hohen Schloßhüttensattel.

Früher ging es von hier aus auch noch weiter nach Vorderberg im Gailtal. Wer über den Kesselwaldsattel nach Osten weiterfahren wollte und noch keine Lust auf die viel zu gut ausgebaute B 111, die „Talrennstrecke", hatte, der konnte am Südufer des Flusses entlang die ruhige Nebenstrecke L 27 nach Feistritz an der Gail nehmen. Dieser letzte Teil der Strecke wurde inzwischen zur Forststraße erklärt und ist damit für den öffentlichen Verkehr gesperrt. ◄

Der mehrfach preisgekrönte Gailtaler Almkäse ist sicher manche Sünde wert.

ÖSTERREICH | SLOWENIEN

PREDEL-PASS
UP 1156 m   ROAD 18 km   ROAD CLOSED 00 - 00   GPS 46.418833°, 13.578700°

Das italienisch-slowenische Grenzgebiet ist ein Paradies für Fans von kleinen Abstechern. Einfach nur den Pass zu nehmen und dann weiter zu fahren wäre hier eine wahre Sünde.

Mahnmal

Cave del Predil, 15 Kilometer südlich von Tarvisio im italienischen Friaul-Julisch Venetien gelegen, ist der Ausgangspunkt zur Überquerung des Predelpasses (ital.: Passo del Predil). Die Schrecken des Ersten Weltkriegs haben hier ziemlich gewütet, so dass man noch heute einen Heldenfriedhof auf italienischer sowie ein Mahnmal mit Opfer-Gedenkstätte auf slowenischer Seite finden kann.

Am türkisfarbenen Lago del Predil vorbei durchfährt man zunächst eine 180 Meter lange Tunnelgalerie. Danach geht es auf Steigungen von bis zu

ALPENTOURER
EXTRA-TIPP

Vor dem italienisch-slowenischen Grenzübergang stehen die **RUINEN** einer Festung. 1809 kam es hier zu einer Schlacht zwischen Napoleons Armee und österreichischen Truppen, bei der das Schloss zerstört wurde. Schön ist die gusseiserne Skulptur eines verletzten Löwen.

zehn Prozent hinauf und endlich kommen auch die ersten Kurvenfreuden auf. Am Straßenrand sind immer wieder überwucherte Stellungen auszumachen. Die offenbar unzerstörbaren Betongebilde eignen sich mancherorts ganz gut als Aussichtsplattform für einen spektakulären Rückblick ins Tal. Hat man die Scheitelhöhe auf 1156 Metern erreicht, überquert man sodann die heutzutage kaum noch wahrnehmbare Staatsgrenze und passiert im Anschluss eine recht unübersichtliche Engstelle in Form einer S-Kurve.

Weithin sichtbare Ruine

Auch auf slowenischer Seite flankieren gut erhaltene Befestigungsanlagen, die teilweise aus dem 19. Jahrhundert stammen, den Weg. Die Anfang der 1880er Jahre erbaute Flitscher Klause erhebt sich rund zwölf Kilometer nach dem Scheitel. Sie dient heute als kultureller Veranstaltungsort. Von dem über ihr errichteten Fort Hermann sind allerdings nur noch Bruchstücke erhalten, die eine weithin sichtbare Ruine abgeben.

Bevor der Gashahn nun aufgedreht wird, muss bei Log pod Mangartom eine einspurige Pionierbrücke mit Gegenverkehr überwunden werden. Die ursprüngliche Flussüberquerung wurde 2000 durch einen Geröllabgang zerstört. Sobald das Bike aber wieder festen Boden unter den Rädern hat, kann es bis Bovec endlich richtig laufen. Vom Lago del Predil aus sind dann 18 durchaus fahrfreudige Kilometer überwunden.

Die Festungsruine mit Löwenskulptur erinnert an die Schrecken des Krieges.

ÖSTERREICH | SLOWENIEN

MANGARTSTRASSE
UP 2 046 m **ROAD** 12 km **ROAD CLOSED** 10 - 05 **GPS** 46.444054°, 13.640728°

Am Bergdorf Strmec müssen Biker sich entscheiden: Direkt hinunter ins Wassersportidyll Bovec oder zuvor noch asphaltierte Leckerbissen kosten? Wer Letzteres wählt setzt den Blinker nach links und biegt auf die als Stichstraße angelegte Mangartstraße ab. Die Mautstelle an der zwei Kilometer nach dem Abzweig befindlichen Mangartalm ist übrigens nicht immer besetzt.

Unbeleuchtete Felstunnel

Auf den nächsten zehn, zum Teil recht waghalsig angelegten Kilometern müssen fünf unbeleuchtete Felstunnel (je zwischen 100 und 300 Meter lang) durchquert werden. Die Strecke ist in sich verschlungen und führt teilweise übereinander hinweg. Ähnliches kennt man von Trassen in Norwegen oder aber dem Kaiserjägerweg in Italien.

ALPENTOURER
EXTRA-TIPP

Über 22 Wasserfälle, die auf der Nordwand Loška stena beginnen, fallen in Richtung Log pod Mangartom ab. Der 48 Meter hohe **PARABOLA** ist der berühmteste. Zwischen dem Feuerwehrhaus und der Gaststätte Mangart zweigt ein Weg zu ihm ab. Aber nur zu Fuß erreichbar.

Bis 2000 war die Strecke noch ein hoppelnder Schotterpfad in teilweise unterirdischem Zustand. Ein Bergrutsch machte umfangreiche Sanierungsarbeiten notwendig, in deren Zuge die Trasse komplett asphaltiert und modernisiert wurde. Nur die Tunnel wurden dabei irgendwie außen vorgelassen. Zwar ist auch hier Asphaltbelag vorhanden. Manch ein größerer Gesteinsbrocken hat sich aber schon mal aus dem Gewölbe gelöst und den dunklen Weg teilweise versperrt. Vorsicht ist hier stets angesagt.

Abstecher

Lohn der Mühe – und der mit fünf Euro nicht gerade üppigen Maut – ist die Ankunft am höchsten motorisiert erreichbaren Punkt in Slowenien. Eine kleine Rast sollte wegen des Länder übergreifenden Panoramablickes, der hier auch Kärnten einschließt, an der Mangart-Hütte eingelegt werden.

Wer einmal so weit gefahren ist, hängt hier am besten auch noch den Abstecher zur Lahnscharte (hier ist man kurzzeitig wieder in Italien) an. Eine 2,9 Kilometer lange, seit 2006 ebenfalls asphaltierte Umkehrschleife, die als Einbahnstraße gegen den Uhrzeigersinn befahren wird, macht Laune. Die letzten rund 75 Meter sind allerdings zu Fuß zurückzulegen. Dann aber steht man auf einem nahezu senkrechten Felssturz von gut 600 Metern Tiefe.

Schließlich heißt es auf gleichem Wege wieder zurück nach Strmec, wo der Anschluss an die vom Predelpass nach Bovec führende Straße wartet. ◀

Die Mangartstraße ist in sich verschlungen und führt teilweise übereinander hinweg.

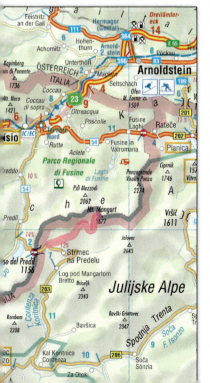

ÖSTERREICH | SLOWENIEN

VRŠIČ-SATTEL
△ 1611 m ◇ 50 km ◇ 10 - 05 ◇ 46.434116°, 13.743450°

Die beiden Einstiege zum Vršič-Sattel im Nordwesten Sloweniens, der auf einer Länge von rund 50 Kilometern durch den Nationalpark Triglav und damit das Zentrum der Julischen Alpen führt, präsentieren sich im Norden herausfordernd, im Süden unübersichtlich.

Besondere Herausforderung

Von Kranjska Gora aus wird die Nordrampe angegangen. Auf ihr befinden sich 24 der insgesamt 51 Kehren des von vielen unterschätzten Passes. Ihre besondere Herausforderung: Der Belag stammt noch aus der Entstehungszeit des Übergangs und besteht aus Granitpflaster. Dieser erweist sich zwar als ungemein haltbar. Bei Nässe, die hier nicht selten auftritt, ist allerdings äußerste Vorsicht geboten.

Die Nordrampe hält einige weitere Attraktionen bereit. So wurde das Mi-

ALPENTOURER
EXTRA-TIPP

Charakteristisch wie herausfordernd ist das **KOPFSTEINPFLASTER**, mit denen die meisten der 24 Kehren auf der Abfahrt nach Kranjska Gora nach wie vor belegt sind. Sie sind vor allem bei Nässe mit Vorsicht zu genießen und erfordern eine entsprechend konzentrierte Fahrweise.

hovhaus (1085 Meter) pittoresk an der steil abfallenden Südwand der Skrlatica (2 740 Meter) platziert. Eine besondere Attraktion stellt die russische Kapelle dar, die an das unrühmlichste Kapitel dieser Alpenstraße erinnert.

Erbaut wurde der Pass zu militärischen Zwecken während des Ersten Weltkriegs. Dafür schufteten hunderte russische Kriegsgefangene bei jedem Wetter. Das wurde über 400 von ihnen 1916 zum Verhängnis, als sie von einer Lawine in den Tod gerissen wurden. Daran erinnert das eigentümliche Bauwerk unweit abseits der Trasse.

Nahe der 1611 Meter hoch gelegenen Passhöhe liegt die Berghütte Tičarjev Dom. Dahinter beginnt ein Fußweg, der einen in 15 bis 20 Minuten zu der Hütte Postarski Dom auf 1688 Metern bringt. Der knappe Fußmarsch lohnt sich, denn von dort genießt man einen bemerkenswerten Auslick auf die Südseite des 2 547 Meter hohen Prisojnik.

Mit 51 Kehren zählt der Vršič-Sattel im Nordwesten Sloweniens zu unseren Top-Favoriten.

Ordentlicher Grip

Eine gänzlich andere Erscheinung stellen die 27 Kehren der Südrampe dar. Hier ist der Belag moderner Asphalt, der zwar alle paar Jahre erneuert werden muss, dafür aber mit ordentlichem Grip aufwartet. Damit es nicht gar zu langweilig wird, sind die Kehren hier allerdings recht unübersichtlich gestaltet. Gegenverkehr kann da für die eine oder andere Schrecksekunde sorgen, wenn auch genügend Platz auf der ordentlich ausgebauten Strecke vorhanden ist. ◀

SLOWENISCHE GRENZKAMMSTRASSE
UP 1200 m **ROAD** 72 km **ROAD CLOSED** 10 - 05 **GPS** 46.180009°, 13.662400°

Der schmale Grenz-Pfad, der über die italienisch-slowenischen Höhenzüge verläuft, wird gerne übersehen, weil das Sočatal mit seiner Pracht schon ausreichend fesselnd. Für Wiederholungstäter ist er aber eine wunderbare Alternative, nicht zuletzt auch zu bekannteren, allerdings oft schwierigeren Strecken etwa in Italien.

Keine Probleme

Nicht alle Kammstraßen, die sich an nationalen Grenzverläufen orientieren, müssen gleich für den Großteil der Motorradfahrer eine Herausforderung darstellen. So ist die slowenische Variante denn auch überhaupt nicht mit der ligurischen zu vergleichen. Aktuell sind es gerade mal noch rund drei Kilometer Schotteranteil – und die stellen selbst Straßenbikes vor keine nennenswerten Probleme.

ALPENTOURER
EXTRA-TIPP

Die Grenzkammstraße streift unterhalb des Kabruk-Gipfels den **SEDLO SOLARJI** (925 Meter Höhe). Dabei handelt es sich um einen eher unspektakulären Sattel. Er markiert jedoch die Grenze zwischen Slowenien und Italien und dient daher als Wegmarke.

Schotterfreaks finden dennoch genügend Auslauf, nur eben rechts und links neben der eigentlichen Route – und noch dazu ganz offiziell, denn die Wege hier oben sind allesamt ausgewiesene „Straßen". Auch der eine oder andere Abstecher auf italienischen Boden mag locken. EU und Schengen sei Dank, geht das heutzutage problemlos vonstatten.

Mit jedem Gefährt

Der Rest der Motorrad fahrenden Zunft kann sich mit so ziemlich jedem Gefährt hier herauf trauen. Entlang der ruhigen und landschaftlich schönen Strecke trifft man immer wieder auf Zeugen aus der Zeit des Ersten Weltkrieges: Gedenksteine für Gefallene irgendwelcher Schlachten stehen am Wegesrand, aber auch teilweise aufwändig rekonstruierte Befestigungsanlagen.

Bei Idrsko im Soča-Tal zweigt die Kammstraße in die Berge ab, wo sie rund um den Sedlo Solarji maximale 1 200 Meter erreicht. Dann schwenkt sie nach Südwesten ab und steuert auf Kambreško und Lig zu. Kurz vor Lig empfehlen wir, die Abfahrt nach Kanal und damit zurück ins Soča-Tal zu nehmen, was einer Etappe von insgesamt rund 37 Kilometern entspricht.

Der eigentlich noch zur Kammstraße gehörende Verlauf über Lig ist schwieriger nachzuvollziehen. Oft fehlt es an der passenden Beschilderung. Er führt nach Senik, Hlevnik und schließlich Brda. Von hier geht es dann via Gonjače nach Plave – und damit ebenfalls zurück zur Soča. ◀

Auf die slowenische Grenzkammstraße kann sich mit so ziemlich jedem Gefährt trauen.

103

ENTDECKE DIE SCHÖNSTEN MOTORRADREVIERE EUROPAS

Neu: Je Set nur 19,95 €

FOLYMAPS MOTORRADKARTEN

- 8–12 Einzelblätter, beidseitig bedruckt
- wetterfest, reißfest, mit wasserlöslichem Stift beschreibbar
- einfach Routen einzeichnen und später wieder entfernen
- praktische Tasche mit Reißverschluss
- Tourenmaßstab: Frankreich und Alpen 1:250.000, Deutschland 1:300.000

MOTORRAD REISEFÜHRER

- jeweils 10 ausführlich beschriebene Touren mit vielen Bildern
- übersichtliche Tourenkarten
- 192 Seiten im Tankrucksack tauglichen Format

ikerbetten.de

SCHWEIZ

Flüelapass	**108**
Furkapass	**110**
St. Gotthard Pass	**112**
Julierpass	**114**
Nufenenpass	**116**
Oberalppass	**118**
San Bernardino Pass	**120**
Gr. St. Bernhardpass	**122**
Splügenpass	**124**
Umbrailpass	**126**
Col du Lein	**128**

FLÜELAPASS

UP 2 383 m **ROAD** 25 km **ROAD CLOSED** 11 - 05 **GPS** 46.750599°, 9.947043°

Die beliebte, kurvenreiche Straße über den Flüelapass verbindet Davos im Landwassertal mit Susch im Unterengadin. An der zwischen den Gipfeln des Schwarzhorns (3 147 Meter) und des Wisshorns (3 085 Meter) gelegenen Passhöhe befindet sich das Flüela-Hospiz neben einem kleinen See. Außerdem verläuft die Europäische Wasserscheide über den Pass.

Eine Ausnahme

Kein von West nach Ost verlaufender Pass kann jemals dieselbe entscheidende Bedeutung erlangen wie die schon immer wichtigeren Nord-Süd-Verbindungen über die Alpen. Der Flüela macht da allerdings eine Ausnahme. Er verdankt seine Bedeutung dem Umstand, dass er die kürzeste Strecke zwischen dem Rheintal und dem Unterengadin ist. Seit Davos zum

ALPENTOURER
EXTRA-TIPP

Auf 2383 Meter verwöhnt das Passhotel **FLÜELA-HOSPIZ** mit hausgemachten Hirschwürsten aus eigener Jagd. Man kann in dem Haus, das schon 1869 errichtet wurde, aber auch bereits ab 7 Uhr zu einem ganz frühen Frühstück einkehren – und natürlich auch übernachten.

weltbekannten Kurort wurde, lockt auch das weite und sonnige Gelände entlang der Bergstrecke zu allerlei Freizeitaktivitäten – mit all ihren unerfreulichen Nebenerscheinungen. Dies verhindert auch nicht der Umstand, dass der Flüelapass wegen seiner bekannt hohen Schneemengen oft Monate lang geschlossen ist.

Winteröffnung gefordert

Den Zustand der allzu langen Wintersperren zu ändern hat sich der Verein Pro-Flüela auf die Fahnen geschrieben. Er setzt sich auch nach der Eröffnung der Alternativroute durch den Vereina-Tunnels für eine Offenhaltung des Passes während die Wintermonate ein. Seit 2004 wird der Winterdienst zumindest auf Davoser Seite wieder durchgeführt, die Strecke ist aber nach wie vor nicht durchgängig befahrbar. BMW nutzt die Westrampe dennoch gerne für Testfahrten.

Eine ganz besondere, weil entschleunigte Alternative zur Motorradüberquerung stellt die historische Postkutsche dar, die in der Sommersaison jeden Dienstag vom Bahnhof Davos Platz 6-spännig bis zum Flüela Hospiz und zurück verkehrt. Es besteht die Möglichkeit, die ganze Strecke hin und zurück mitzufahren oder nur eine Teilstrecke zu buchen. Dank der Zusammenarbeit mit Postauto Graubünden ist die Fahrkarte am Reisetag auch auf der Postautolinie der Flüelastrecke gültig. ◄

Der Flüelapass ist die kürzeste Verbindung zwischen Rheintal und Unterengadin.

FURKAPASS

UP 2 436 m **ROAD** 30 km **ROAD CLOSED** 11- 05 **GPS** 46.573175°, 8.415638°

Die Straße über den Furkapass, den nach Höhenmetern vierthöchsten Gebirgspass in der Schweiz, verbindet Andermatt im Kanton Uri mit dem zu Füßen der Südrampe des Grimselpasses gelegenen Ort Gletsch im Wallis. Für den Fahrspaß auf zwei Rädern sorgen insgesamt 24 Kehren auf den beiden sehr gut ausgebauten Passrampen.

Der Furkapass zählt zu den großen historischen Pfaden über die Schweizer Berge. Schon die Römer nutzten den Weg. Die Straße entstand entlang des alten Saumpfads zum Ende des 19. Jahrhunderts und wurde 1866 ihrer Bestimmung übergeben.

Gerne wird eine Fahrt über den Furka mit einem direkten Abstecher auf den auch noch 2 165 Meter hohen Grimsel sowie der Weiterfahrt über den 2 224 Meter hohen Sustenpass kombiniert. Ein anderer beliebter

ALPENTOURER
EXTRA-TIPP

1964 war der Pass Drehort des James-Bond-Films **GOLDFINGER** mit Gert Fröbe. Tilly versucht darin, den Mörder ihrer Schwester mit einem Gewehr zu richten. Im Hotel Bergidyll kann man nach wie vor in dem Zimmer übernachten, in dem Sean Connery während des Filmdrehs selbst logierte.

Rundkurs ist die Dreipässefahrt über Furka-, Gotthard- und Nufenenpass, womit sich ein längerer Aufenthalt in dieser Region durchaus lohnt.

Trauriger Gletscher-Rest

Fast die gesamte Strecke bietet herrlichste Bergpanoramen. Vom Scheitel aus hat man einen schönen Blick auf die östlichen Berner Alpen mit Finster- und Lauteraarhorn, die obere Westrampe bietet am Hotel Belvédère eine Besichtigung der Eisgrotte und den Ausblick auf den verbliebenen, zunehmend traurigen Rest des Rhônegletschers. Der reichte zu Anfang des 19. Jahrhunderts noch bis nach Gletsch hinab. Heute ist schon der Vergleich zu Fotos aus den 1960er und 1970er Jahren ein nachdenklich machender Anblick.

1964 wurden auf dem Furkapass einige Filmszenen des James-Bond-Films „Goldfinger" mit Gert Fröbe und Sean Connery gedreht. Diese Szenen gelten heute als Klassiker der Bond-Geschichte.

Ein Highlight ist die zwischen Gletsch und Realp verkehrende Furka-Nostalgie-Bahn. Für den Fall, dass die Straße gesperrt ist, besteht zwischen Oberwald und Realp die Möglichkeit, den Pass mit der Eisenbahn zu unterqueren. Die Wintersperre gilt meist zwischen Ende Oktober und Ende Mai. Der Pass wird nicht geräumt und erst nach der Schneeschmelze im Frühjahr wieder freigegeben. ◄

Auf dem Furkapass wurden einige Filmszenen des James Bond-Klassikers „Goldfinger" gedreht.

ST. GOTTHARD PASS

↑ 2 106 m ◇ 20 km ◇ 11 - 06 ◇ 46.555717°, 8.564530°

Was soll man über den Gotthard noch sagen? Gerade die alte Strecke mit ihrem bis heute erhaltenen Kopfsteinpflaster ist Legende! Sie verbindet Andermatt im Kanton Uri mit Airolo im Kanton Tessin. Lange Zeit war die 1830 fertiggestellte Strecke die wichtigste Nord-Süd-Querung der Alpen. Generationen von Italien-Urlaubern rollten über ihn gen Süden.

Verkehrsachse

Der Transitverkehr fließt heutzutage durch den Gotthard-Scheiteltunnel und überlässt somit das kurvenreiche Original Ausflüglern und – Motorradfahrern. An der herausragenden Bedeutung der Gesamt-Verkehrsachse für den Alpentransit hat sich aber nichts geändert.

Auf seine Bedeutung als Jahrhunderte genutzter Warenumschlagplatz

ALPENTOURER
EXTRA-TIPP

Auf Höhe 2100 Meter Höhe informiert das **NATIONALE ST. GOTTHARD-MUSEUM** über die Geschichte dieses wichtigen Handels- und Verkehrsweges. Vor allem wird vermittelt, welche positiven und negativen Auswirkungen sie auf die Einheimischen hatte und immer noch hat.

weist eine Sust am Pass hin. Susten sind Lagerhäuser, oft mit einem Verwaltungstrakt, die an den wichtigsten Alpenpässen der Schweiz entstanden – und einem der eidgenössischen Pässe sogar den Namen gaben.

Kampf gegen Napoleon

An der Passhöhe befindet sich am Lago della Piazza zudem das Ospizio San Gottardo sowie ein Museum, das der Geschichte des Passes gewidmet ist. Etwas oberhalb des Hospizes steht auf einem Hügel ein Denkmal, das an den russischen General Suworow erinnert, der 1799 mit seinen Truppen über den Gotthard kam, um den Österreichern im Kampf gegen Napoleon beizustehen. Genutzt hat es nichts…

Von Bedeutung für die Nutzung der Gotthard-Route war die Trassierung der Schöllenenschlucht. Zwischen Göschenen und Andermatt, nördlich des Gotthard gelegen, stellte sie eine unüberwindbare Barriere dar. Erst im 13. Jahrhundert konnten erste Brücken errichtet werden, darunter auch die bekannte Teufelsbrücke.

Sowohl die Nord- als auch die Südrampe des Passes wurden zwischen 1956 und 1977 teilweise neu trassiert, aber die alte Passstraße ist weiterhin befahrbar, wenn auch ihr Abzweig schnell übersehen ist. Die gepflasterte Strecke, die durch das Val Tremola führt, ist wegen der spektakulären Trassenführung einen Extra-Tipp wert. Bei nassem Wetter sollte man diesen Abschnitt allerdings meiden. Schnell verwandelt sich der historische Belag in Schmierseife. ◀

Die Gotthard-Strecke war lange Zeit die wichtigste Nord-Süd-Querung der Alpen.

JULIERPASS

↑ 2 284 m ◇ 43 km ◇ 00 - 00 ◇ 46.472139°, 9.727685°

Mit einer Scheitelhöhe von 2 284 Metern verbindet der Pass die Täler Oberhalbstein und Engadin und verfügt als einer der wenigen hier vorgestellten Schweizer Pässe nicht über eine generelle Wintersperre. Nach Möglichkeit wird der Julier ganzjährig offen gehalten.

Am Fluss entlang

Die Route der zwischen 1820 und 1826 erbauten Straße führt von Tiefencastel entlang des Flusses Julia über Savognin, Marmorera, Bivio – wo der für den motorisierten Verkehr gesperrte Weg zum Septimerpass abzweigt – zur Passhöhe und weiter nach Silvaplana. Die gut ausgebaute Verbindung überwindet auf der Strecke von 43 Kilometern eine Höhendifferenz von immerhin 1 433 Metern. Die maximale Steigung beträgt dabei knapp zwölf Prozent. Der griffige Be-

ALPENTOURER
EXTRA-TIPP

Einen kleinen Abstecher wert ist der Stausee **LAI DA MARMORERA**, für den genau wie am berühmten Reschensee in Südtirol ein ganzes Dorf geflutet wurde. Heute befindet sich hier noch die kleine Ortschaft Marmorera und die Ruine einer Burg am westlichen Ende der Staumauer.

lag ist durchgängig breiter als fünf Meter und relativ einfach zu befahren.

Flache Teilstücke

Typisch für den landschaftlich reizvollen Streckenverlauf, besonders auf der 36 Kilometer langen Nordrampe von Tiefencastel zum Pass hinauf, sind flache Teilstücke, die immer wieder von kurzen „Treppen" mit einigen steileren Kehren unterbrochen werden. Viel kürzer ist die nur sieben Kilometer lange Südrampe von Silvaplana aus, allerdings beträgt hier der zu überwindende Höhenunterschied auch nur 469 Meter.

Beim Bau des Marmorera-Stausees wurde die Strecke um drei Kilometer verlegt. Der permanente Ausbau der Passstraße soll 2016 in der Fertigstellung der Silvaplana-Umfahrung gipfeln.

Auch der Julierpass wurde bereits von den Römern erkundet und für nutzbar befunden. Davon zeugen bis heute Fragmente römischer Säulen, die bei Ausgrabungen auf der Passhöhe entdeckt wurden. Sie werden einem römischen Heiligtum zugeordnet, das sich an dieser exponierten Stelle befunden haben muss. Weitere Spuren deuten darauf hin, dass Pferdekarren zum Gütertransport genutzt wurden. Nördlich des Scheitels gibt es Fundstücke einer ehemaligen Pferdewechselstation.

Der Julier kann über das Oberengadin mit dem 2 312 Meter hohen Albula- oder dem 2 383 Meter hohen Flüelapass zu einer attraktiven Pässerunde kombiniert werden. ◀

Der Julierpass führt von Tiefencastel entlang des Flusses Julia nach Silvaplana.

SCHWEIZ

NUFENENPASS
↑ UP **2 478 m** ROAD **30 km** ROAD CLOSED **10 - 06** GPS **46.477767°, 8.386233°**

Er ist der höchste Straßenpass, dessen Trasse komplett in der Schweiz liegt – und noch dazu der jüngste. Sein Verlauf in Ost-West-Richtung bildet die einzige Direktverbindung zwischen Tessin und Wallis. Die Passstraße verbindet Airolo, an der Südrampe des Sankt-Gotthard-Passes, mit Ulrichen im Walliser Goms. Dabei durchquert sie das Val Bedretto zum Pass hinauf und endet schließlich im oberen Rhônetal.

Touristische Investition

Erst 1964 begann der Bau der heutigen Trasse, die Anfang September 1969 dem Verkehr übergeben wurde. Dabei handelte es sich um eine rein touristische Investition, denn dem Alltagsverkehr kommt auf dieser Strecke keinerlei Bedeutung zu. Entsprechend gilt auch eine generelle Wintersperre zwischen Oktober und Juni.

ALPENTOURER
EXTRA-TIPP

An der letzten Kehre vor der Passhöhe zweigt ein **FUSSWEG** zu einer kleinen Hütte ab. Nach rund einem Kilometer Luftlinie befindet man sich an der italienischen Grenze am Passo San Giacomo. Bei gutem Wetter gibt es einen sensationellen Rundblick über die Berner- und Walliseralpen.

Vor allem die aussichtsreiche Westrampe bietet einen herrlichen Blick auf den Griesgletscher und den nach ihm benannten höchstgelegenen Schweizer Stausee, den Griessee. Letzteren kann man von der Nufenen-Westrampe aus über eine knapp zwei Kilometer lange Stichstraße erreichen. Der zurückhaltend erschlossene Scheitel liegt ebenfalls an einem kleinen See; die karge, hochalpine Landschaft ist nicht verbaut und hat somit ihren ursprünglichen Reiz bewahren können.

Schnee bis in den Juli

Aufgrund seiner Höhe liegt am Nufenen meist bis tief in den Juli hinein jede Menge Schnee. Die Straße ist zwar frei, Schmelzwasser kann aber immer wieder Nässe auf den Belag bringen. Besondere Vorsicht ist auch bei den zahlreichen Murmeltieren geboten.

Das Restaurant am Nufenenpass öffnet stets zusammen mit dem Pass und erfreut sich bis Ende Oktober auch als Bikertreff großer Beliebtheit. Es wird regionale Küche aus den hier angrenzenden Kantonen Wallis und Tessin serviert.

Auf der Westseite des Nufenen bieten sich als Anschluss der Grimsel- oder der Furkapass an; zusammen mit dem Sankt-Gotthard-Pass, der sich auf der Ostseite des Nufenen anschließt, ergibt sich eine interessante Rundfahrt. ◀

Die aussichtsreiche Westrampe bietet einen herrlichen Blick auf den Griesgletscher.

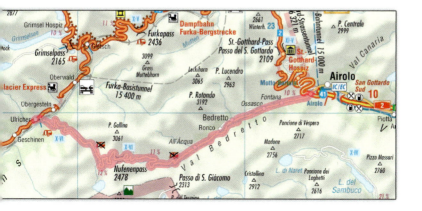

SCHWEIZ

55 ALPENPÄSSE

OBERALPPASS

↑ UP 2 044 m   ◇ ROAD 30 km   ◇ ROAD CLOSED 11 - 04   ◇ GPS 46.658692°, 8.671217°

Gut ausgebaut verbindet der Oberalppass Andermatt mit Disentis/Muster. Die Scheitelhöhe mit dem See hat einen ausgesprochen hochalpinen Charakter und bietet nicht nur Hotel und Restaurant, sondern auch eine Station der Furka-Oberalpbahn, deren Strecke grob parallel zur Straße verläuft. Sie ist eine der wenigen Bahnstrecken der Schweiz, die auf einer solchen Höhe ohne längeren Tunnel auskommt.

Mit Autoverlad

Am Scheitel zweigt zudem noch eine der geschotterten Anfahrten zum Piz Calmut ab. Die Hauptstrasse 19, die über die Passhöhe führt, wird im Winter nicht offen gehalten; allerdings kann während dieser Zeit die Strecke mittels Autoverlad zwischen Andermatt und Sedrun passiert werden. Der Zug braucht dafür etwa eine Stunde.

ALPENTOURER
EXTRA-TIPP

Das **CRESTA** ist ein ausgewiesenes Biker-Hotel und befindet sich direkt am Oberalppass auf 1450 Meter Höhe. Unterwegs kann man sich hier auf der Sonnenterasse mit Bündner- und Wildspezialitäten bestens stärken oder es natürlich auch als Basishotel nutzen.

Die Wintersperre beginnt aber recht spät am Oberalp, oft erst im Dezember. Und, je nach Schneelage, ist schon ab Mitte April der winterliche Spuk wieder vorbei. Einige der Galerien an der Westrampe habe in den letzten Jahre gelitten und geben reichlich Tropfwasser ins Innere ab. Dadurch werden sie auch im Sommer zu gefährlich glatten Abschnitten auf dem Weg nach Andermatt.

Quelle des Rheins

Unweit des Oberalppasses liegt der Tomasee auf 2 345 Metern. Er gilt als die Quelle des Rheins. Der Abfluss aus dem See heißt „Rein da Tuma". Aus diesem und einigen anderen Zuflüssen wird wenig später der Vorderrhein. Passend dazu hat man sich vor einiger Zeit eine Werbeaktion ausgedacht, die am Pass die Entstehung des Rheins in den Bergen mit seiner Mündung in die Nordsee bei Rotterdam verknüpft. Neben den alpinen Holzhäusern sticht jetzt ein knallroter Leuchtturm heraus, der ein verkleinerter Nachbau eines Leuchtfeuers ist, das 70 Jahre lang an der Rheinmündung stand.

In Disentis zweigt am Ende der Passstraße eine Strecke in das Val Medel ab, die im weiteren Verlauf zum 1916 Meter hohen Lukmanierpass hinauf- und damit in den Kanton Tessin hineinführt. Bei Biasca wird das Valle Leventina erreicht. Nordwärts trifft der Weg auf den Gotthard- oder alternativ den Nufenenpass, mit denen sich eine Pässerunde kombinieren lässt. ◀

Die Scheitelhöhe des Oberalp hat einen ausgesprochen hochalpinen Charakter.

SAN BERNARDINO PASS

2 065 m | **16 km** | **12 - 05** | **46.495881°, 9.170601°**

Die gut ausgebaute und kehrenreiche Straße über den San Bernardino ist die Verlängerung der Via Mala nach Süden und verbindet das Rheinwaldtal in Graubünden mit dem Valle Mesolcina im Tessin. Am Scheitelpunkt liegt inmitten einer hochalpinen, vom Gletschereis verschliffenen Felslandschaft der kleine See Laghetto Moesola. Der breite und topographisch einfache Übergang wurde bereits zu beginn des 19. Jahrhunderts mit einer Straße erschlossen, die 1823 öffnete.

Bereits die Römer kannten den breiten, topographisch einfachen Passübergang. Der bis ins späte Mittelalter genutzte ursprüngliche Weg führte etwa einen Kilometer östlich der heutigen Strecke am Fuß des Piz Uccello entlang.

Verstärkte Rodungen erhöhten mit der Zeit das Lawinenrisiko. Um vom

ALPENTOURER
EXTRA-TIPP

Seinen Namen erhielt der Pass bereits im 15. Jahrhundert. Er bezieht sich auf den **HEILIGEN BERNHARDIN VON SIENA**, dem zu Ehren eine Kapelle erbaut wurde. Trotz der Namensähnlichkeit besteht keine Beziehung zu den Pässen Großer und Kleiner Sankt Bernhard.

im 15. Jahrhundert zunehmenden Transitverkehr – die Viamala wurde nach 1473 ausgebaut – profitieren zu können, mussten die Anlieger auf beiden Seiten des Passes handeln. Sie verlegten die Route vom gefährdeten Hangfuß in die Mitte des breiten Sattels. Dabei erhielt der zuvor als Vogelberg bekannt Pass auch seinen heutigen Namen.

Sprachgrenze

Zu Ehren des Heiligen Bernhardin von Siena wurde eine Kapelle erbaut. Durchgesetzt hat sich über die Jahrhunderte dann die italienische Schreibweise San Bernardino, die das altertümlich wirkende Deutsche verdrängen konnte. Pikanterweise verläuft über den Pass nicht nur die Europäische Wasserscheide, sondern auch die Sprachgrenze zwischen Deutsch und Italienisch.

Um 1770 wurde der San Bernardino zu einer befahrbaren Straße ausgebaut. Die noch verbliebene lawinengefährdete Passage am Geissberg eliminierte man, indem die Route den Rhein nun weiter westlich querte. Auf der Passhöhe wurde der Weg ebenfalls nach Westen verlegt, sodass er den Sattel an der tiefsten Stelle überwand.

1967 wurde der 6,6 Kilometer lange San Bernardino-Tunnel als Teil der Nationalstraße N 13 (heute A13) zwischen Hinterrhein und San Bernardino eröffnet. Damit ist der Alltagsverkehr vom Pass entfernt worden. So kann die Strecke jetzt mit dem Motorrad verkehrsarm, also nahezu perfekt, genossen werden. ◀

Die kehrenreiche Straße über den San Bernardino ist die Verlängerung der Via Mala nach Süden.

GR. ST. BERNHARDPASS

UP 2 469 m | ROAD 55 km | ROAD CLOSED 11 - 05 | GPS 45.869833°, 7.169700°

Die Straße über den Großen Sankt Bernhard verbindet Martigny im Kanton Wallis mit Aosta im italienischen Aostatal und dem Piemont. Bis zur Fertigstellung des Straßentunnels war dieser Pass einer der wichtigsten Alpenübergänge. Das noch heute am Scheitel stehende Hospiz wurde bereits im 11. Jahrhundert von Bernhard von Aosta gegründet, dem der Pass auch seinen Namen verdankt.

Pilgerwege nach Rom

Doch schon zu Zeiten der Römer galt er als einer der wichtigsten Alpenübergänge. Der Pass war später neben seiner Bedeutung für Reisen von weltlichen und geistlichen Würdenträgern sowie von Händlern und Kreuzrittern von Norden nach Oberitalien auch zentraler Bestandteil eines sich dort bündelnden und dann wieder ver-

ALPENTOURER
EXTRA-TIPP

Schon im Jahr 1700 wurde die **BERNHARDINER** am Pass als Rettungshunde eingesetzt. Der Star unter ihnen ist Barry, der zwischen 1800 und 1814 über 40 Menschen gerettet haben soll. Nur das berühmte Schnapsfässchen an seinem Hals ist eine moderne Erfindung für Touristen.

zweigenden Netzwerkes von Pilgerwegen nach Rom.

Ebenfalls von hier stammen die Bernhardiner-Hunde, die vor allem als Rettungshunde für die Suche nach Lawinenopfern bekannt geworden sind. Und am 14. Mai 1800 überquerte Napoléon Bonaparte hier die Alpen auf seinem Zug nach Italien.

Letzte Tankstelle

Von Martigny aus verläuft die 1905 eröffnete Straße zunächst in einem Tal südwärts, dann sehr gut ausgebaut mit leichten, gut ausgeführten Kurven in die Höhe. In Bourg St-Pierre befindet sich die letzte Tankstelle vor dem Pass, dann folgt auf 1840 Metern der Stausee Lac des Toules. Hier beginnt eine drei Kilometer lange Lawinengalerie, an deren Ende es entweder geradeaus hinein in den mautpflichtigen Tunnel oder rechts hinauf zum Pass geht.

Während der Pass im Winter zwar angefahren, aber nicht mehr überquert werden kann, ist die Durchfahrt durch den Tunnel ganzjährig möglich. Rund um die Passhöhe wird die Strecke immer wieder ausgebessert, was oft bis in den Juli hinein zu kleineren Baustellen führt.

Die Passstraße mit ihren vielen Kurven und Serpentinen ist in einem guten Zustand, teilweise mit Leitplanken befestigt und windet sich gegen Ende am rechten Talrand hinauf zur Passhöhe. Etwa 14 kurvenreiche Kilometer später stößt die Strecke bei Saint-Rhemy-en-Bosses am Tunnelausgang wieder auf die gut ausgebaute Hauptstraße. ◀

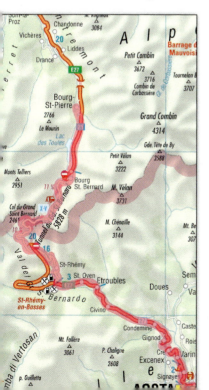

Das noch heute am Scheitel stehende Hospiz wurde bereits im 11. Jahrhundert von Bernhard von Aosta gegründet, dem der Pass auch seinen Namen verdankt.

SPLÜGENPASS

UP 2118 m | ROAD 40 km | ROAD CLOSED 11 - 06 | GPS 46.505525°, 9.330247°

Der über die Grenze zu Italien führende Splügenpass verbindet Graubünden mit der Lombardei. Von Chiavenna aus kann man weiter zum Comer See fahren und bei Lugano wieder in die Eidgenossenschaft zurückkehren. Oder man biegt ostwärts Richtung St. Moritz ab, wo man diese Pässerunde mit einer Fahrt über den Julier beschließen kann. Seit dem Bau eines Tunnels durch den San Bernardino hat der Pass seine frühere Bedeutung weitgehend verloren.

Schon die Anfahrt ist beeindruckend. Sie fädelt von Chur aus kommend bei Thusis in die alte San Bernardino Straße über die legendäre Via Mala mit ihrer faszinierend engen Schlucht ein. In Splügen Dorf ist dann der eigentliche Anfang des Passes. Das Dorf ist in seinem Urzustand erhalten und weist noch etliche alte Holzhäuser auf.

ALPENTOURER
EXTRA-TIPP

Auf der Nordseite und unterhalb der Passhöhe wurde bereits 1843 eine 312 Meter lange **LAWINENGALERIE** errichtet. Nach dem Zweiten Weltkrieg wurde die Galerie außer Betrieb gesetzt. Um einen drohenden Zerfall zu verhindern, wurde sie in den vergangenen Jahren saniert.

Bei der Zufahrt zum Pass selbst bietet die kehrenreiche Schweizer Seite viel Fahrspaß. Die neun Kilometer lange Nordrampe von Splügen aus erreicht die Passhöhe über zwei Kehrengruppen, eine mit sechs Kehren hinter Splügen, die andere mit 15 Kehren vor der Passhöhe. Eine Überquerung des Passes ist nur tagsüber möglich. Das hat weniger mit Grenzkontrollen zu tun, als vielmehr mit der Gefährlichkeit der Strecke.

Flickenteppich

Die Südrampe ist mittlerweile deutlich schlechter ausgebaut, geizt aber dennoch nicht mit Kurven, von denen ein Teil in Tunnels oder Galerien liegt. Auf solchen Abschnitten kann der Belag auch bei trockenem Wetter nass und damit glatt sein. Außerdem bietet die schlechte Wegstrecke bei den Durchfahrten meist nur noch eine Pkw-Breite Platz.

Der Belag gleicht einem zerschundenen Flickenteppich und wechselt ständig, gerne auch mitten in Kurven. Bemerkenswert ist die Südrampe (SS 36) durch das italienische Val San Giacomo dennoch: Zwischen der Passhöhe und Chiavenna ist auf einer Strecke von etwa 30 Kilometern ein Höhenunterschied von knapp 1800 Metern zu überwinden.

Etwas unterhalb der Scheitelhöhe, bei Montespluga, passiert man den westlich der Straße gelegenen Lago di Montespluga mit seiner eindrucksvollen Staumauer. Von November bis Mai unterliegt der Pass einer generellen Wintersperre. ◄

Bei der Zufahrt zum Pass bietet die kehrenreiche Schweizer Seite viel Fahrspaß.

UMBRAILPASS

 2 503 m    45 km   11 - 05   46.541572°, 10.433139°

Rund drei Kilometer hinter dem Stilfser Joch befindet sich rechts der Abzweig zum Umbrailpass, mit 2 503 Metern der höchste Schweizer Straßenpass. Namensgebend war der Piz Umbrail, ein Gipfel in der Nähe des Passes. Die auf rund 2,5 der gut 13 Kilometer geschotterte Strecke bildet die Verbindung zwischen der Südwestrampe des Stilfser Jochs und dem UNESCO Weltkulturerbe Val Müstair in Graubünden – übrigens nicht nur für kulturell Interessierte empfehlenswert.

Der Grenzübergang liegt unmittelbar am Abzweig, der Scheitelpunkt nur wenige hundert Meter weiter nördlich. Die Grenzstation ist infolge des 2008 erfolgten Beitritts der Schweiz zum Schengener Abkommen nicht mehr besetzt, Kontrollen finden nur noch stichprobenweise statt. Infolgedessen entfiel auch die früher

ALPENTOURER
EXTRA-TIPP

Schweizer Soldaten leisteten während der Jahren 1914-1918 ihren Landesverteidigungsdienst an diesem Pass und wurden dabei Augenzeugen der Auseinandersetzungen während des **ERSTEN WELTKRIEGS**. Wanderwege mit Schautafeln informieren über diese düstere Zeit.

zwischen 22.00 Uhr und 6.30 Uhr angesetzte Nachtsperre.

Bereits 1901 fertiggestellt

Die Strecke über den Umbrailpass ist die ursprüngliche Verbindung zwischen dem Obervinschgau und dem Veltlin (Bormio). Die 13,4 Kilometer lange Straße von Santa Maria auf den Umbrailpass wurde bereits 1901 fertiggestellt. Dabei werden 1126 Höhenmeter überwunden.

Fährt man die 34 Kehren des Umbrailpasses in Gegenrichtung hinunter ins Val Müstair bieten sie mindestens den gleichen Reiz wie die Westrampe des Stilfser Jochs nach Bormio. Auch das unbefestigte Stück zwischen 2 000 und 1800 Metern Höhe ist selbst für Straßenmaschinen in Bergabrichtung kein Problem. Vorsicht ist nur bei Nässe geboten.

Nach der Blütezeit des Passes im späten Mittelalter geriet der Übergang fast in Vergessenheit, als sich die Handelsrouten auf den Brenner und San Marco konzentrierten. Auch politisch war der Verfall der Strecke gewollt. Graubünden wollte sich damit gegen den Nachbarn schützen.

Malerische Dörfer

Mit dem Bau des Stilfser Jochs verlor der Umbrailpass endgültig jede Bedeutung. Das könnte sich mit Einführung einer Maut am Stilfser Joch ändern. Die Münsteraner befürchten, dass eine großer Teil des Verkehrs dann durch ihre malerischen Dörfer rollt. Auch deshalb unterstützen sie die Gegner der Maut in Südtirol. ◀

Der höchste Schweizer Straßenpass, zweigt vom Stilfser Joch ab.

COL DU LEIN
UP 1661 m **ROAD** 28 km **ROAD CLOSED** 00 - 00 **GPS** 46.109391°, 7.158752°

Den Col du Lein kennen selbst Eidgenossen kaum. Die 28 Kilometer von Saxon nach Sembrancher sind eine wunderbare Alternativ-Anfahrt zum Grand St. Bernard. Anstatt nämlich über Martigny und im Hauptverkehr der Heimat der Bernardiner entgegen zu streben, lässt sich die Anfahrt über den Lein-Pass wirklich genießen.

Höchster Kurvenspaß

Die Zufahrt ist im verbauten Rhône-Tal nicht ganz einfach zu finden. Sie zweigt in Saxon von der Route du Simplon ab. Dann ist gut zehn Kilometer lang höchster Kurvenspaß angesagt.

Ein kurzes Stück über den Scheitel ist geschottert, aber sicher befahrbar. Wer mehr losen Untergrund genießen möchte, biegt hier zum Col des Planches ab. Auf der Strecke dorthin wird mit dem unscheinbaren Col du Tronc

ALPENTOURER
EXTRA-TIPP

Das Alpage du Lein ist ein **ALPBETRIEB** am Col du Lein, nahe des Örtchens le Levron. Man kommt mit dem Motorrad hinauf und kann sich mit den Produkten der Käserei stärken und auch bei der Produktion zuschauen. Das Raclette ist ein Gedicht, muss aber vorab reserviert werden.

noch ein weiterer Pass befahren. Diese Route ist zwar länger, führt aber ebenso ans Ziel in Sembrancher. Beide Rampen weisen reichlich Kehren auf und eröffnen herrliche Ausblicke. Asphalt-Piloten werden die etwas weiter schwingende, aber kaum weniger kurvenreiche Abfahrt über Levron genießen, die teilweise grandiose Ausblicke auf die Walliser Alpen zulässt.

Obst und Weinanbau

Auf der Nordseite der Route geben Obst- und Weinanbau auch optisch den Ton im weiten Wallis an. Die Hänge sind voll davon, auch die neben der Anfahrt zum Col du Lein. Ist der erst mal überquert, findet sich nur noch wenig kultivierte Natur. Im Verlauf des Aufstiegs werden die Weinstöcke weniger, dafür gibt es mehr Laub- und Nadelwald, der die Sicht etwas beeinträchtigt. Es geht ein Stück an einer Felswand entlang, durch ein Loch in einem Felsvorsprung hindurch. Etwa einen Kilometer vor dem Hochpunkt gibt es den Übergang auf das unbefestigte Teilstück, das sich auch über den Scheitel hinwegzieht und erst nach anderthalb Kilometern talwärts wieder in Asphalt übergeht.

Die Passhöhe selbst ist irgendwie doppelt ausgeschildert. Ein unscheinbarer Hinweis ist in einem gelben Schilderwald zu den reichlich vorhandenen Wanderwegen zu entdecken. Gute 500 Meter weiter südwärts teilt sich die Straße in drei verschiedene Wege. Hier steht dann ein richtiges Passschild mit der Höhenangabe 1661 Meter. ◀

Ein kurzes Stück über den Scheitel des Col du Lein ist unbefestigt, aber sicher befahrbar.

IMPRESSUM

 Höhe des Passes über dem Meeresspiegel

 Länge der beiden Rampen

 Bezeichnet Anfangs- und Endmonate, in denen üblicherweise die Wintersperre greift

 nördlicher Breitengrad, östlicher Längengrad

Der Motorrad-Reiseführer 55 Alpenpässe, 55 Motorradtouren in den Alpen erscheint bei

MoTourMedia e.K. | Inh. Stephan Fennel
Hastener Straße 140 | 42349 Wuppertal
T +49 (0)202 94 60 02 26 | F 94 60 02 29
redaktion@alpentourer.eu | www.alpentourer.eu

Kontakt leserservice@motourmedia.de
Webshop www.motourmedia.de

ISBN 978-3-939997-18-4

Hinweis
Namentlich gekennzeichnete Beiträge von Mitarbeitern geben nicht unbedingt die Meinung der Redaktion oder des Herausgebers wieder. Sämtliche Informationen wurden nach bestem Wissen recherchiert; für die Richtigkeit kann jedoch keine Gewähr gegeben werden.

© 3. Auflage 2018 | MoTourMedia e.K.

Kartenbasis
Kunth Verlag GmbH & Co. KG

Layout | Routen-Kartographie
MoTourMedia | Andrea Hiller

Texte
Stephan Fennel; Snežana Šimičić

Fotos
Stephan Fennel (cover; 6/7;8;9;10;11;15;16;17;18;19;20;21;22;23;24; 26;27;29; 35;46;47;50;52;55;57;64;65;66;82;83;85;89;92;93;96;100; 101;114;115;118;119;120;126;127); Jürgen Pelz (4;56;60;61); Wikimedia Commons: CC-2.0-SA, CC-3.0-SA (12;13;28;34;38;44;45;62; 63;68;70;71;73;75;86;94;95;97;98;106/107;110;129); Wolfgang Henne (cover; 14;30;32;33;72;74;116;122); Volker Wohlfart (25;37); Moritz Mahler (31;39;69;113); Franz+Ulrike Glockner (36;125); Thomas Krämer (cover;42/43;51;54;80;81;84;108;109;111;112;117); Snežana Šimičić (53;67;78/79;88); Dietrich Pals (58; 59); TVB Osttirol (87); Frank Sachau (90;91;124); Rainer Jakobi (99); Günther Kompass (102;103); Günter Brunner (121); Matthias Brecht (123); Verena Zürcher (128).

GPS-Daten
Gratis-Download auf www.alpentourer.eu